IL LIBRO DELLA STORIA

EDICART è un marchio EDICART Style
Via Jucker, 28 - Legnano (MI) - Italia
Titolo originale: *The History Book*
Traduzione dall'inglese di *Fabiola Beretta*

www.edicart.it

IL LIBRO DELLA STORIA

A cura di
Simon Adams
Philip Steele
Stewart Ross
Richard Platt

EDICART

Sommario

RIVELARE la Storia

Solo tornando indietro nel tempo è possibile scoprire quali eventi, idee e personaggi sono stati così importanti in passato da cambiare il corso della storia.

◀ Il film *Troy* del 2004 racconta la storia della grande guerra, durata una decina d'anni, che gli antichi Greci ritenevano fosse stata combattuta tra Greci e Troiani intorno al 1200 a.C.

MORTI viventi

Gli antichi Egizi credevano che lo spirito di una persona morta avesse bisogno di un corpo per raggiungere l'aldilà, un'altra tap della vita dopo la morte. Per preservarne il cadavere, svilupparono la tecnica della mummificazione.

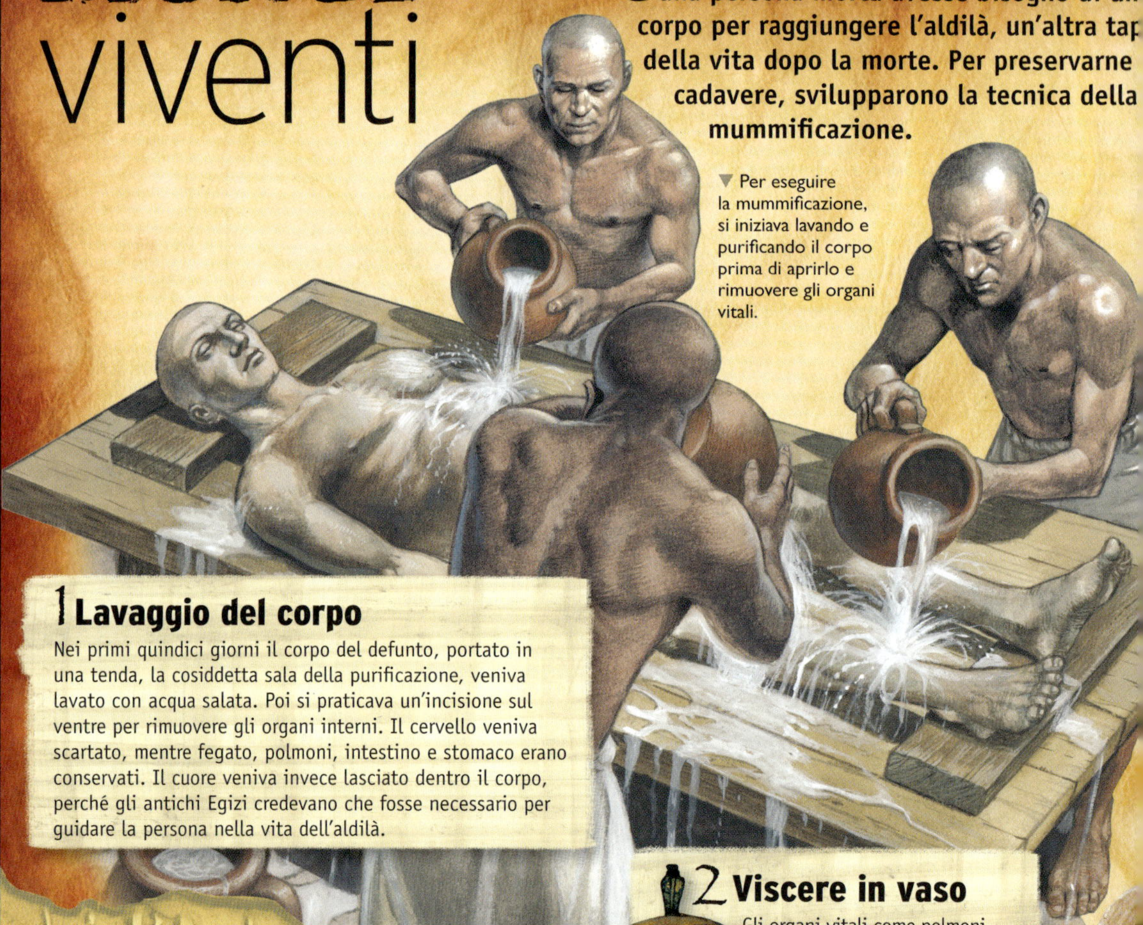

▼ Per eseguire la mummificazione, si iniziava lavando e purificando il corpo prima di aprirlo e rimuovere gli organi vitali.

1 Lavaggio del corpo

Nei primi quindici giorni il corpo del defunto, portato in una tenda, la cosiddetta sala della purificazione, veniva lavato con acqua salata. Poi si praticava un'incisione sul ventre per rimuovere gli organi interni. Il cervello veniva scartato, mentre fegato, polmoni, intestino e stomaco erano conservati. Il cuore veniva invece lasciato dentro il corpo, perché gli antichi Egizi credevano che fosse necessario per guidare la persona nella vita dell'aldilà.

UN PASTO ABBONDANTE

Il cuore, considerato il centro della personalità, rimaneva all'interno del corpo mummificato. Gli antichi Egizi ritenevano che prima che il defunto potesse accedere alla vita eterna, il dio Anubi dovesse pesarne il cuore, così posavano sui due piatti della bilancia il cuore e una piuma, simbolo della verità. Se il cuore era più pesante – segno di una vita malvagia – veniva divorato dal mostro Ammut, che aveva ucciso la persona.

2 Viscere in vaso

Gli organi vitali come polmoni, stomaco, intestino e fegato venivano essiccati sotto sale e poi immagazzinati in speciali contenitori di pietra o ceramica – i cosiddetti vasi canopi – sigillati con coperchi a forma di testa di uno dei quattro figli del dio Horus.

◀ L'intestino era collocato nel vaso canopo con la testa di falco. Il falco rappresentava il dio Qebehsenuf.

3 Disidratazione

Per evitare che la carne col passare del tempo si decomponesse, era necessario eliminarne ogni umidità. Il mummificatore iniziava imbottendo il cadavere di natron, e poi lo immergeva per quaranta giorni in un bagno di questo sale speciale. Il corpo avvizziva, induriva e acquistava un colorito blu-nerastro.

◀ Il cadavere veniva immerso in oltre 225 kg di natron per eliminarne ogni umidità.

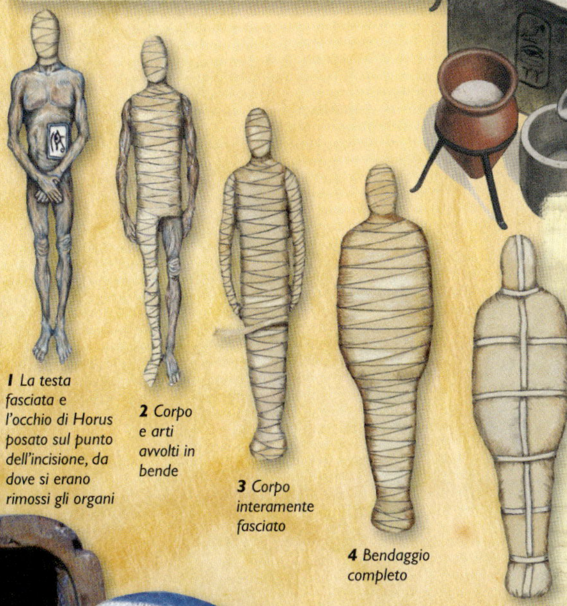

1 La testa fasciata e l'occhio di Horus posato sul punto dell'incisione, da dove si erano rimossi gli organi

2 Corpo e arti avvolti in bende

3 Corpo interamente fasciato

4 Bendaggio completo

5 Avvolto in stoffa di lino

4 Ben avvolto

Rimosso il natron, il cadavere disidratato veniva unto con oli particolari e poi gli venivano applicati occhi falsi e una parrucca per sembrare più realistico. A quel punto si versava sul corpo una resina per irrigidirlo e impedire la formazione della muffa. Alla fine, veniva imbottito di lino e segatura, e avvolto in 15 m di strisce di tela di lino. Questo procedimento durava quindici giorni, durante i quali si pregava per il defunto.

◀ La sequenza delle cinque fasi dell'avvolgimento del corpo in fasce iniziava sempre dalla testa. Intanto si inserivano degli amuleti portafortuna tra le bende per proteggere la persona dai pericoli nell'aldilà.

5 Possedimenti preziosi

Il corpo così conservato alla fine era deposto in una cassa di legno. Visto che la morte era considerata solo una temporanea interruzione della vita, si seppellivano le mummie con oggetti di uso quotidiano come gioielli, abiti, scarpe, strumenti musicali e mobili. Anche cani e gatti domestici venivano mummificati, per tenere compagnia ai padroni nell'aldilà.

◀ I preziosi sarcofagi avevano la forma umana e venivano decorati con formule magiche. I dettagli del corpo, come per esempio gli occhi, dovevano aiutare il defunto a passare nell'aldilà.

▶ Questa mummia, ritrovata dopo 4000 anni, ha ancora dei lineamenti riconoscibili grazie alle tecniche di conservazione degli antichi Egizi.

Animali BELLICI

Nel corso delle guerre più antiche, i comandanti, cercando di ottenere il massimo vantaggio sui nemici, usavano anche gli animali. Il più comune era il cavallo, che non serviva solo a trasportare il cavaliere, ma trainava anche i carri e i carichi più pesanti. Il cammello, più lento, si adattava però bene nelle campagne condotte nel deserto. Ma di gran lunga l'animale da guerra più spettacolare era l'elefante, un carro armato vivente in grado di calpestare e terrorizzare i nemici in Asia, Africa settentrionale ed Europa meridionale.

▼ Nel 218 a.C. il generale cartaginese Annibale condusse un attacco a sorpresa contro i nemici romani guidando un esercito scortato da elefanti addestrati alla guerra. Attraversò le Alpi e alla fine giunse in Italia. Annibale ottenne tre grandi vittorie prima di essere costretto a ritirarsi.

Strategie ferma-elefanti

Orecchie che sbattono, proboscide sollevata, zanne come lance... l'impressionante vista di un elefante da guerra pronto ad attaccare era sufficiente per far venire le gambe molli anche al guerriero più coraggioso. Nel tempo si escogitarono delle tattiche per fermare quell'assalto che raggiungeva i 50 km/h. I Romani impararono a spostarsi di lato all'ultimo istante, gli uomini di Alessandro Magno colpivano con forza i muscoli posteriori della coscia di questi animali con delle asce, e i mongoli lanciavano pietre contro di loro. In tempi più recenti venivano invece abbattuti dal fuoco dei cannoni.

Carica!

Mentre vari popoli dell'Asia centrale divennero famosi perché in grado di lanciare frecce con grande precisione mentre cavalcavano, fu solo nel IV secolo d.C., con l'invenzione della staffa, che nacque la cavalleria, la cui espressione più importante fu il cavaliere medievale a cavallo. Malgrado non più armata, la cavalleria rimase un elemento fondamentale della guerra per buona parte del XX secolo.

▲ Circa 650 soldati britannici a cavallo si lanciarono contro il fuoco nemico nella battaglia di Balaclava, nel 1854. Più di 240 persero la vita o rimasero feriti. L'avvenimento è ricordato nel poema di Lord Alfred Tennyson del 1854, *The Charge of the Light Brigate* (La carica della brigata leggera).

▲ Durante la prima guerra mondiale (1914-1918), i cani non erano usati solo per consegnare messaggi, ma anche per trasportare le mitragliatrici.

▲ Il piccione viaggiatore G.I. Joe, che servì presso lo United States Army Pigeon Service, fu decorato per il suo valoroso servizio nella seconda guerra mondiale (1939-1945). Consegnò un messaggio con la notizia di un imminente bombardamento salvando oltre un migliaio di vite umane.

Latori di messaggi

Gli umani sono portatori di messaggi lenti e vulnerabili. Prima di trasmettere informazioni via radio, non c'era modo migliore di consegnare velocemente messaggi a lunghe distanze che legandoli alla zampa di un piccione viaggiatore; e nessuno poteva battere un cane messaggero quando si trattava di superare un terreno insidioso.

LA MARINA DEGLI STATI UNITI UNA VOLTA ADDESTRÒ DEI DELFINI PER SCOVARE SOMMOZZATORI CHE CERCAVANO DI VIOLARE LA SICUREZZA INTORNO NAVI E BASI MILITARI.

Corpo cammellato imperiale

Il corpo cammellato imperiale (1916-1918) era gestito da cavalieri inglesi, indiani, australiani e neozelandesi e si distinse in Medio Oriente durante la prima guerra mondiale (1914-1918). La capacità di un cammello di sopravvivere anche cinque giorni senza acqua ne faceva l'animale ideale per le campagne condotte nel deserto.

ASSEDI estremi

Il castello medievale era il simbolo incontrastato della potenza, forza e magnificenza del suo proprietario, e quando cadeva, potere e prestigio cadevano con lui. Il compito del capomastro era quello di introdurre ogni forma di difesa possibile, dalle merlature ai fossati, per renderlo inespugnabile. Da fuori, gli aggressori escogitavano nuove strategie per sfondare la roccaforte.

TATTICHE ESTREME

CATAPULTANDO OLTRE LE MURA UN CORPO AFFETTO DA MALATTIA, GLI ASSALITORI PONEVANO I DIFENSORI IN IMMEDIATO PERICOLO.

I DIFENSORI DEL CASTELLO POTEVANO AVVICINARSI DI SOPPIATTO AL NEMICO ATTRAVERSO PASSAGGI SEGRETI. I SOLDATI CHE PRESIDIAVANO IL CASTELLO DI HADLEIGH NELL'ESSEX (REGNO UNITO), SI DICE CHE AVESSERO BOMBARDATO GLI AGGRESSORI CON DEL PESCE FRESCO FATTO ENTRARE DI NASCOSTO.

NEL 1306, IL CASTELLO DI KILDRUMMY (SCOZIA), CADDE PER MANO DI EDOARDO, PRINCIPE DI GALLES, QUANDO OSBOURNE, UN FABBRO TRADITORE, INCENDIÒ IL GRANAIO DEL CASTELLO.

NEL 1204, I SOLDATI FRANCESI CONQUISTARONO IL CASTELLO DI GAILLARD DEL RE INGLESE GIOVANNI SALENDO DAL CONDOTTO DI UNA LATRINA.

Fama e FORTUNA

La curiosità è la forza trainante delle più importanti ricerche, scoperte e avventure. Le persone che partono in esplorazione lo fanno per ampliare le conoscenze scientifiche o diffondere la fede religiosa, o sono in cerca di guadagni e potere, o spinti dal puro interesse. Molti invece sono mossi dal desiderio di fama e ricchezza.

IL NUOVO MONDO

Nel 1492 **Cristoforo Colombo** (1451-1506) salpò dalla Spagna nel tentativo di trovare una nuova rotta per l'Asia dove poter acquistare le spezie. Quando toccò terra, credette di aver raggiunto il Giappone, e invece aveva scoperto un continente nuovo, le Americhe, che al suo ritorno in Spagna prese il nome di "Nuovo Mondo". Per i suoi numerosi viaggi e le scoperte, chiese che a lui e alla sua famiglia venissero riconosciute "grandi ricompense".

TESORO NASCOSTO?

Edward Teach (1680-1718 circa), noto anche con il nome di **Barbanera**, fu uno spietato pirata che divenne famoso per il suo aspetto volutamente spaventoso: sotto il cappello si dice che infilasse brevi pezzi di cima che accendeva col fuoco. Tese anche imboscate e saccheggiò navi nel Mar dei Caraibi e nell'Oceano Atlantico. Fu ucciso dalla Marina britannica, e da allora i cacciatori di tesori sono alla ricerca del suo leggendario tesoro, sepolto chissà dove.

Colombo

Barbanera

VIAGGIO INTERROTTO

Nel 1519 l'ammiraglio portoghese **Ferdinando Magellano** (1480-1521) si mise in viaggio verso occidente sperando di raggiungere le isole delle spezie. Circumnavigò l'America del Sud e attraversò l'Oceano Pacifico compiendo un viaggio che lo avrebbe reso famoso. Purtroppo non visse abbastanza per rendersene conto: fu ucciso in una battaglia nelle isole Filippine prima che la sua flotta arrivasse a destinazione.

Magellano

CERCATORE D'ORO

Nel XIX secolo gli europei più istruiti avevano letto l'*Iliade* di Omero e ritenevano che Troia – una delle città di cui si raccontava nel poema – fosse pura leggenda. Tra il 1871 e il 1873 **Heinrich Schliemann** (1822-1890), uomo d'affari e archeologo dilettante, scoprì i resti della città a Hissarlik, in Turchia. In quel luogo erano state costruite e distrutte nel corso dei secoli non meno di nove diverse città. Nel corso degli scavi Schliemann portò alla luce anche dei gioielli d'oro, un vero tesoro.

VIAGGIO EPICO

Ne *Il Milione*, il racconto autobiografico dello straordinario viaggio di **Marco Polo** (1254-1324 circa), il suo autore affermò di non avere menzionato che la metà di tutto ciò che aveva visto, perché nessuno gli avrebbe creduto. Percorse in giro per il mondo oltre 40.000 km e scoprì molte invenzioni e innovazioni straordinarie.

ULTIMO TENTATIVO

Howard Carter (1874-1939) era certo che la tomba intatta di un antico faraone giacesse da qualche parte nella Valle dei Re (Egitto). Nel 1922, dopo cinque anni di ricerche, il finanziatore di Carter, Lord Carnarvon, acconsentì a finanziare ancora una sola stagione di scavi. Fu sufficiente. Alla fine di quell'anno, si ebbe il più celebre ritrovamento archeologico di tutti i tempi: la tomba di Tutankhamon, perfettamente conservata dal 1327 a.C.

PIRATA O PATRIOTA?

Sir Francis Drake (1540-1596) navigò intorno al mondo tra il 1577 e il 1580, attaccando le navi spagnole piene zeppe di tesori e saccheggiando i loro preziosi carichi. Al suo ritorno, Drake fu acclamato come un eroe e nominato cavaliere dalla regina Elisabetta I per il servizio reso all'Inghilterra. In Spagna, invece, Drake era considerato un pirata omicida.

Meraviglie
DEL MONDO

Sappiamo delle Sette Meraviglie del mondo antico da vecchie guide turistiche greche. Gli storici sono in disaccordo su quali monumenti fossero realmente, e quanti. Forse non lo sapremo mai con certezza, perché è rimasta in piedi soltanto la Grande Piramide.

GRANDE PIRAMIDE DI GIZA

COS'È. Una tomba di pietra gigante.

DOVE. Vicino al Cairo, Egitto.

QUANDO. Edificata durante il regno del faraone Cheope (2575-2465 a.C. circa).

DIMENSIONE. Base 230 m²; altezza 145 m.

DESCRIZIONE. Orientata con le facce verso i quattro punti cardinali e composta da circa 2,3 milioni blocchi di calcare, la piramide era la tomba di Cheope e della sua regina. La forma potrebbe essere stata scelta perché indicante il cielo, il dominio del dio del Sole Ra.

COS'È. Una serie di straordinari giardini terrazzati.

DOVE. A Babilonia, la capitale dell'antica Mesopotamia (l'odierno Iraq meridionale).

QUANDO. Durante il regno della regina Sammuramat (810-783 a.C.) o di quello di Nabucodonosor II (605-561 a.C. circa).

DIMENSIONE. Sconosciuta.

DESCRIZIONE. Irrigati da un elaborato sistema di pompe e canali che portava l'acqua dal fiume Eufrate, si diceva che i giardini fossero un luogo di ozio e di svago del palazzo reale. Una leggenda narra che Nabucodonosor li avesse fatti costruire per farne dono alla regina Amytis, in ricordo delle verdeggianti foreste della sua patria persiana.

GIARDINI PENSILI DI BABILONIA

STATUA DI ZEUS A OLIMPIA

COS'È. Una colossale statua in oro e in avorio.

DOVE. Olimpia, nel Peloponneso (Grecia).

QUANDO. Realizzata dallo scultore Fidia attorno al 430 a.C.

DIMENSIONE. Alta 12 m.

DESCRIZIONE. Visto che i Giochi olimpici avevano un profondo significato religioso, un tempio dedicato al re degli dei ornava gli impianti sportivi. Zeus era raffigurato seduto, dando l'impressione che se si fosse alzato in piedi, avrebbe sfondato il soffitto.

TEMPIO DI ARTEMIDE A EFESO

DESCRIZIONE. Costruito con il candido e brillante marmo locale, il tempio di Artemide custodiva molte opere d'arte. Artemide, nota ai romani come Diana, era un'antica dea della Luna. Il tempio fu distrutto nel 268 d.C., ricostruito e poi raso al suolo nel 401 d.C.

COS'È. Un grandioso tempio colonnato in marmo.

DOVE. Efeso, odierna Turchia.

QUANDO. Edificato attorno al 550 a.C. dal re Creso di Lidia.

DIMENSIONE. Lungo 110 m e largo 55 m.

MAUSOLEO DI ALICARNASSO

DESCRIZIONE. La tomba luccicante aveva una base a pianta quadrata sormontata da un colonnato, da un tetto a piramide e da una statua di Mausolo e Artemisia in un carro trainato da quattro cavalli. Fu costruito come simbolo dell'amore di Artemisia per Mausolo, e per celebrare entrambi.

COS'È. Enorme tomba la cui forma ricordava una scatola di gioielli.

DOVE. Affacciato sull'antica città di Alicarnasso (ora Bodrum), in Turchia.

QUANDO. Costruito attorno al 353-350 a.C., sotto il dominio della regina Artemisia II di Caria, sorella e vedova di Mausolo.

DIMENSIONE. Base quadrata, con lati di 11 m di lunghezza e 45 m di altezza.

COLOSSO DI RODI

DESCRIZIONE. La popolazione di Rodi eresse la ciclopica statua in bronzo e ferro di Helios, il dio del Sole, per ringraziare la divinità di avere salvato la città dall'attacco nemico.

COS'È. Un'enorme statua del dio posta all'ingresso del porto.

DOVE. Isola di Rodi (Grecia), nel Mediterraneo.

QUANDO. Costruita tra il 292 e il 280 a.C.

DIMENSIONE. Alto più di 30 m.

FARO DI ALESSANDRIA

DESCRIZIONE. La costruzione in pietra si elevava su tre piani - uno quadrato, uno ottagonale e uno cilindrico - che si rastremavano. Il fuoco in cima si rifletteva in degli specchi, così da essere visibile da una distanza di anche 50 km: avvertiva i marinai delle sponde insidiose lungo le rive del Nilo.

COS'È. L'archetipo del faro.

DOVE. Isola di Pharos, ad Alessandria, in Egitto.

QUANDO. Realizzato tra il 280 e il 247 a.C.

DIMENSIONE. Alto 110 m.

BUONI & cattivi

Gli eroi sono visti come figure di riferimento che ispirano nei sostenitori virtù e nobiltà d'animo, mostrando loro il comportamento giusto da tenere. In passato, molte società veneravano i guerrieri per la loro forza e il loro coraggio. Oggi, invece, tendiamo ad ammirare i promotori della pace e del benessere.

Confucio (in cinese Kong Fuzi) **(551-479 a.C.)**
Funzionario pubblico cinese di talento, per trasmettere i valori morali con cui guidare i popoli e gli Stati, divenne un filosofo itinerante.

Marco Aurelio (121-180 a.C.)
L'opera *Meditazioni* di questo filosofo e imperatore, amante della pace e benvoluto a Roma, ispirò migliaia di persone – perfino Federico il Grande di Prussia – su come agire al meglio in tempo di guerra.

Crudeli, imprevedibili, affamati di potere ed egoisti, i cattivi della storia si distinguono per le azioni malvagie e i comportamenti estremi, non permettendo a niente e a nessuno di interferire nel perseguimento dei loro obiettivi.

Caligola (12-41 d.C.)
Omicida, incestuoso, impulsivo, stravagante, vanitoso, vendicativo e probabilmente pazzo. I racconti sul conto di questo imperatore romano ne danno un quadro a dir poco ripugnante. Si dice addirittura che si sia autoproclamato dio.

Attila re degli Unni (406-453 d.C. circa) Fondatore dell'impero unno nell'Europa orientale, Attila era conosciuto dai suoi nemici come il "flagello di Dio" per le sue spietate campagne di conquista di terre e ricchezze.

Abraham Lincoln (1809-1865)
Sedicesimo presidente degli Stati Uniti Stati, guidò la nazione durante la guerra civile americana (1861-1865) e pose fine alla schiavitù nel suo Paese. Fu assassinato nel 1865 mentre assisteva a uno spettacolo con sua moglie.

Florence Nightingale (1820-1910)
Rinomata per il suo lavoro durante la guerra di Crimea (1853-1856), l'infermiera inglese si prese cura dei soldati feriti, che la definivano "la signora con la lampada" per i suoi frequenti giri notturni. Lottò perché quello di infermiera diventasse un mestiere accettato per le donne.

Nelson Mandela (1918-2013)
Nel 1948 il Sudafrica istituì un regime di segregazione razziale forzata – l'apartheid. Mandela, uno dei capi del movimento della resistenza, divenne presto un simbolo internazionale della lotta per la tolleranza e l'uguaglianza. In prigione per 27 anni, al suo il rilascio si distinse come un grande e rispettato statista.

Gengis Khan (1162-1227 circa)
Da semplice capo di una delle tribù dell'Asia nordorientale, Khan riunì tutte le tribù nomadi della Mongolia. L'autoproclamatosi "sovrano universale" formò uno dei più vasti imperi mai esistiti grazie alle sue instancabili campagne militari e al brutale massacro delle popolazioni locali.

Ivan il Terribile (1530-1584)
Primo zar di Russia, Ivan IV si trasformò in un despota corrotto e instabile che sterminò migliaia di persone, e in un impeto di rabbia arrivò persino a uccidere suo figlio.

Iosif Stalin (1879-1953)
Nato Iosif Džugašvili, il leader dell'Unione Sovietica si fece strada con le sue sole forze e, una volta raggiunto il potere, lo mantenne per mezzo di stermini di massa – ordinando cioè la morte, e facendo soffrire, milioni di persone. Stalin è considerato tra i fautori di uno dei più grandi eccidi della storia.

Grandi GUERRIERI

Le battaglie si vincevano con la mente oltre che con i muscoli. Certo, contava la prima impressione, infatti i guerrieri che avevano un aspetto intimidatorio e forte erano spesso quelli che vincevano. Dai cavalieri medievali in armature scintillanti, ai vichinghi predoni, gli uomini più valorosi della storia erano quelli che riscuotevano maggior successo.

OPLITA

Categoria. Fanteria pesante.
Zona di attività. Antica Grecia.
Date. VIII-IV secolo a.C.
Copricapo. Elmo con copriguance.
Armatura. Pettorale e gambale, corsetto in bronzo o corsaletto di lino.
Armi. Lancia da 3 m e spada corta.
Scudo. Di forma rotonda, in legno e bronzo.
Disciplina. Buona.
Vittoria degna di nota. Respinsero gli invasori persiani a Maratona nel 490 a.C.

FANTE ROMANO

Categoria. Soldato professionista.
Zona di attività. Europa e Medio Oriente
Date. II secolo a.C.-V secolo d.C.
Copricapo. Elmo rotondo, in acciaio con copriguance.
Armatura. Piastre sulla parte superiore del corpo e sulle spalle.
Armi. Giavellotto di 2 m e spada corta
Scudo. Grande e, dal I secolo d.C., rettangolare e ricurvo. Realizzato in legno rinforzato con bronzo o ferro.
Disciplina. Eccellente.
Vittoria degna di nota. Conquista della Britannia, I secolo d.C.

VICHINGO

Categoria. Membro di una banda di guerrieri nordici. Nel corso dei secoli si unirono, formando grossi eserciti.
Zona di attività. Europa, Atlantico settentrionale, America del Nord.
Date. XVIII-XI secolo.
Copricapo. elmo in acciaio (senza corna).
Armatura. Tunica in pelle o cotta di maglia.
Armi. Lancia, ascia, spada e pugnale.
Scudo. Piccolo e rotondo, in legno o metallo.
Disciplina. Scarsa.
Vittoria degna di nota. Conquista nel 911 d.C., dal regno di Francia, della provincia di Rouen, denominata da allora Normandia.

CAVALIERE MEDIEVALE

Categoria. Guerriero gentiluomo.
Zona di attività. Europa e Medio Oriente.
Date. XI-XV secolo.
Copricapo. Cambiata in base al periodo. Tra i più noti, vi era un elmo che proteggeva interamente la testa, chiamato grande elmo.
Armatura. Negli ultimi anni, armatura a piastre completa (prodotta da lastre di metallo) indossata sopra la cotta di maglia.
Armi. Lancia di 4 m, spada pesante, ascia e pugnale.
Scudo. Di forma varia, in legno e acciaio.
Disciplina. Scarsa.
Vittoria degna di nota. Riccardo Cuor di Leone nella battaglia di Arsuf, nel 1191, sconfisse Saladino.

SOLDATO AZTECO

Categoria. Esercito cittadino capeggiato da nobili guerrieri professionisti.
Zona di attività. America Centrale.
Date. XIV-XVI secolo.
Copricapo. Elmo in cotone trapuntato, spesso molto decorato.
Armatura. Completo in cotone trapuntato che copriva gran parte del corpo
Armi. Giavellotti di legno e mazze, archi e frecce, coltelli ricavati da una pietra molto affilata, l'ossidiana.
Scudo. in legno e con una frangia di piume.
Disciplina. Media.
Vittoria degna di nota. Sconfitta di Azcapotzalco nel 1428.

SAMURAI

Categoria. Nobiltà militare.
Zona di attività. Giappone.
Date. XII-XIX secolo.
Copricapo. Elmetto metallico allargato per proteggere il collo; a volte con maschera per il volto.
Armatura. Elaborata combinazione di metallo, bambù e tessuto trapuntato a coprire tutto il corpo.
Armi. *Katana* (spada), mazza, arco, lancia, coltello e armi da fuoco.
Scudo. Di forma rotonda, in legno e metallo.
Disciplina. Buona.
Vittoria degna di nota. Invasione giapponese della Corea, 1592-1593.

GUERRIERO ZULU

Categoria. Fante tribale.
Zona di attività. Africa meridionale.
Date. XVIII e XIX secolo.
Copricapo. cerchietto di pelle animale.
Armatura. Nessuna.
Armi. Lance – *isijula* da lanciare e *iklwa* per pugnalare – e mazza – *knobkerrie*.
Scudo. a forma di foglia, fatto di pelle di animale.
Disciplina. Alt.
Vittoria degna di nota. Sconfitta degli inglesi a Isandlwana nel 1879.

CAPI SCOMPARSI

Nel corso della storia, la vita di molte figure chiave – popolari o meno – si è conclusa prematuramente. Un assassinio è un omicidio mirato, di solito motivato da posizioni politiche differenti, o mosso da credenze religiose, opposizione militare o per puro guadagno.

Re francese Enrico IV

Il fanatismo non conosce limiti, come scoprì lo stimato sovrano francese Enrico IV (1553-1610) nel 1610. Nato di fede protestante, si convertì cattolicesimo e, per sanare le divisioni religiose all'interno del suo Paese, si dimostrò tollerante con i protestanti, ma era troppo per François Ravaillac, che pugnalò a morte il re mentre la carrozza reale, diretta all'incoronazione della regina, rimase bloccata nel traffico.

Giulio Cesare, generale romano

La carriera di uno dei più grandi generali e riformatori di Roma, Giulio Cesare (100-44 a.C.), fu bruscamente interrotta il 15 marzo 44 a.C., quando fu pugnalato a morte in Senato. Cosa spinse gli assassini a questo gesto? Volevano salvare la Repubblica romana da un aspirante re.

IL RE INGLESE GUGLIELMO II

Guglielmo II (1056-1100 circa) non era tra i re inglesi più amati, e quando un giorno, recatosi a caccia a New Forest, non fece ritorno, le malelingue non si fecero attendere. Il suo corpo, trafitto da una freccia, fu ritrovato la mattina dopo, e suo fratello Enrico si impadronì subito del trono. La morte fu incidente o assassinio?

Zar di Russia, Alessandro II

Nonostante tutto il suo zelo riformatore – abolì per esempio la servitù della gleba nel 1861 – lo zar russo Alessandro II (1818-1881) secondo Narodnaja Voljia (Volontà del Popolo), un'organizzazione terroristica, non aveva fatto abbastanza. Che fosse o meno la "volontà del popolo", lo zar morì quando una bomba colpì la sua carrozza mentre stava percorrendo le strade di San Pietroburgo.

Arciduca austro-ungarico Francesco Ferdinando

Il 28 giugno 1914, il nazionalista serbo Gavrilo Princip sparò due colpi mortali a Sarajevo, in Bosnia. Fu la miccia che innescò la prima guerra mondiale (1914-1918). La vittima era l'arciduca Francesco Ferdinando, erede al trono d'Austria e Ungheria. L'Austria attaccò subito la Serbia, la Russia venne in aiuto dell'alleato serbo e la Germania seguì l'esempio dell'Austria. La Francia, alleata della Russia, si aggiunse... e così, nel giro di qualche settimana, un intero continente scese in guerra, seguito poco dopo da tutto il resto del mondo.

JFK pochi istanti prima di essere colpito.

Il presidente John F. Kennedy

Mentre il presidente degli Stati Uniti John F. Kennedy passava da Dallas (Texas), il 22 novembre 1963, alle 12.30 precise furono sparati quattro colpi. Il presidente, colpito al corpo e alla testa, morì quasi subito. Un sospettato, Lee Harvey Oswald, arrestato, fu assassinato poco prima del processo. Ebbe così inizio uno dei grandi misteri della storia moderna: chi ha ucciso JFK e perché?

Presidente israeliano Yitzhak Rabin

Israele e i suoi vicini arabi sono stati per lungo tempo acerrimi nemici. Così, quando Yitzhak Rabin (1922-1995) firmò gli accordi di Oslo con i palestinesi nel 1993, fu insignito del premio Nobel per la pace, ma due anni dopo fu assassinato dall'israeliano Yigal Amir, contrario a quel trattato di pace.

Gli agenti della sicurezza spingono Rabin in macchina dopo essere stato colpito al termine di un'importante manifestazione per la pace a Tel Aviv nella quale aveva preso la parola.

Morte NERA!

Giunse da est e si diffuse come un'ondata di morte su tutta l'Europa. In soli quattro anni (1347-1351) spazzò via metà della popolazione del continente. Ricchi e poveri, uomini e donne... nessuno era immune alla peste bubbonica, definita anche "grande peste" o "peste nera". Malgrado un incremento demografico sorprendentemente rapido, l'Europa non sarebbe mai più stata lo stessa.

La morte dilaga

La peste bubbonica o nera, portata in Europa dai ratti imbarcati sulle navi provenienti dal Mediterraneo orientale, non conobbe battute d'arresto per più di 400 anni. Il nome deriva dai bubboni, che sono i suoi sintomi più evidenti, rigonfiamenti neri pieni di pus sotto le braccia, sul collo e all'inguine. Chi veniva infettato aveva una possibilità su cinque di sopravvivere. I più morivano nel giro di una settimana.

Batterio... pestifero!

Molti scienziati ritengono che la peste sia stata diffusa dalle pulci sui ratti neri. In un'epoca in cui anche le regole base di igiene erano praticamente inesistenti, le pulci dei ratti brulicavano tra lenzuola e vestiti. Bastava un solo morso di pulce per infettare una persona. Oggi i medici propendono invece a pensare che la malattia sia scoppiata in realtà a causa di un batterio chiamato *Yersinia pestis*.

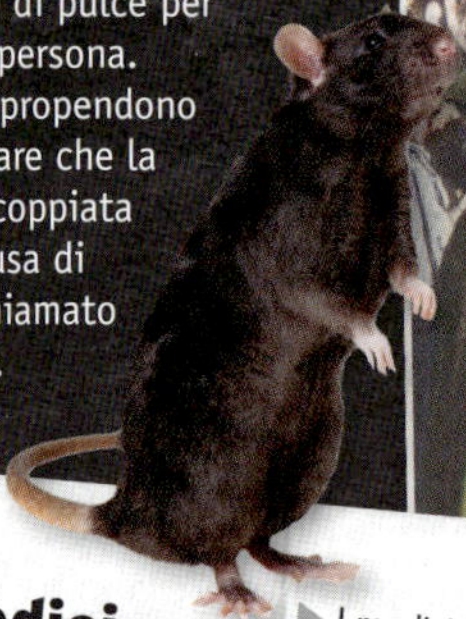

Questo triste dipinto mostra dei gran mucchi di corpi infetti. Le persone morivano per strada.

Strani medici...

In un momento in cui alcuni medici erano convinti che la peste si potesse diffondere semplicemente scambiandosi uno sguardo, le cosiddette "cure" erano piuttosto bizzarre. Includevano inghiottire smeraldi, perle o oro, appoggiare escrementi umani secchi sui bubboni, o bere una miscela di sciroppo di mele, limone, acqua di rose e menta piperita.

▶ I medici indossavano indumenti a prova di peste. Il "becco" funzionava come una maschera antigas: impediva che i dottori inalassero l'aria infetta mentre curavano i malati.

ALL'EPOCA SI PENSAVA CHE BERE UN BICCHIERE DELLA PROPRIA URINA DUE VOLTE AL GIORNO FOSSE UN RIMEDIO CONTRO LA PESTE.

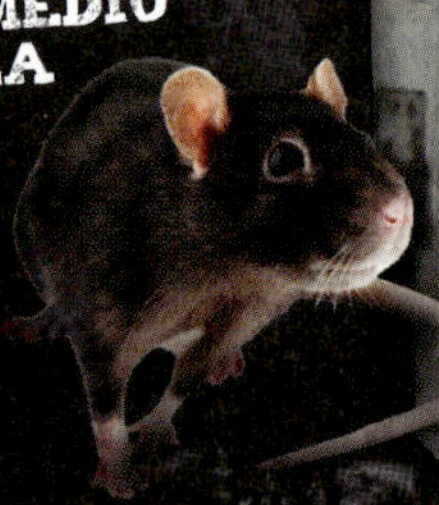

La Morte, il "Tristo Mietitore" con la sua falce.

LA PRINCIPESSA GIOVANNA, LA FIGLIA QUINDICENNE DI EDOARDO III D'INGHILTERRA, MORÌ DI PESTE MENTRE STAVA ANDANDO A SPOSARE UN PRINCIPE SPAGNOLO.

Fosse comuni

Bisognava sbarazzarsi il più rapidamente possibile dei corpi delle vittime della peste per evitare che, decomponendosi, diffondessero ulteriormente la malattia. Con un numero così elevato di morti, le sepolture individuali erano impossibili. I cadaveri, caricati su dei carri, venivano gettati in fosse comuni.

▶ Centinaia di morti furono sepolti in semplici buche.

Il giudizio del cielo

In un'epoca di grande religiosità, la peste era vista come la punizione divina per un mondo di peccatori. La scienza non sarebbe quindi stata in grado di prevenire o curare la malattia, solo preghiera, confessione e penitenza avrebbero potuto farlo.

▼ Nel 1987 furono scoperti più di 1000 morti di peste nera sepolti in una fossa comune non lontano dalla Torre di Londra, in Inghilterra.

Flagellarsi (colpire o frustare il proprio corpo) si pensava fosse un modo per espiare i peccati, che erano la causa della pandemia.

Ancora e ancora...

La prova della terribile peste nera si è avuta ritrovando alcune fosse comuni. Focolai della spaventosa pandemia si sono verificati anche in tempi moderni, per esempio nel 1994 a Seurat, in India e nel 2020 in Mongolia.

sacrificio SUPREMO

I primi dei erano davvero particolari! Eccentrici ed esigenti, alcuni sembravano placarsi solo dopo un sacrificio supremo, cioè immolando una vita umana. E nessuno sapeva eseguirlo in modo più spettacolare e cruento del popolo azteco, nell'odierno Messico meridionale.

▲ Un sacerdote azteco estrae il cuore pulsante di un prigioniero di guerra e lo solleva verso il dio del Sole.

Gabbia infuocata

Durante le sue campagne militari nell'Europa settentrionale, Giulio Cesare descrisse il modo in cui i druidi cercassero il favore degli dei attraverso la pratica dei sacrifici umani. Raccontò di come tenessero imprigionati un gran numero di uomini in una statua di vimini gigante da loro costruita, cui poi davano fuoco.

▶ Secondo Giulio Cesare, criminali e innocenti venivano sacrificati nello stesso modo all'interno di un'enorme statua di vimini.

Il cuore della questione

Gli Aztechi credevano che per sopravvivere nella sua lotta contro l'oscurità, Huitzilopochtli, il dio della guerra e del Sole, avesse bisogno di regolari scorte di sangue. Per questo nei giorni di festa alcuni prigionieri di guerra venivano portati all'altare sacrificale in cima alla Grande Piramide, il tempio principale di Tenochtitlán – la capitale dell'impero azteco – e qui si eseguiva un rituale davvero cruento: si tagliava il petto estraendo il cuore delle vittime.

Si chiama Sati l'antica usanza indù di bruciare la moglie in lutto sulla pira funebre del marito defunto.

Pira potente

Sati, la pratica indù, richiedeva che una vedova venisse bruciata viva, volontariamente o meno, sulla pira funeraria dello sposo defunto. Si pensava che quest'abitudine fosse nata per impedire che le mogli giovani avvelenassero i mariti anziani e poco graditi.

In favore di Thor

Secondo il cronista medievale tedesco Adam di Brema, l'antico tempio di Uppsala (Svezia) fu lo scenario di alcuni eventi efferati. Il culto di Thor e di altri dei e dee nordici imponeva rituali con sacrifici umani.

Il re nordico Domalde si prepara a immolarsi per il bene del suo popolo.

UN MITO GRECO RACCONTA CHE OGNI SETTE ANNI GLI ATENIESI INVIASSERO 14 BAMBINI IN PASTO AL MINOTAURO, UN MOSTRO TERRIFICANTE.

Un aereo kamikaze giapponese pronto a schiantarsi contro una nave da guerra degli Stati Uniti.

Vento divino

Il termine kamikaze, che significa "vento divino", era originariamente usato per indicare i tifoni tropicali che avevano distrutto le flotte di invasione cinesi dirette in Giappone alla fine del XIII secolo. Nella seconda guerra mondiale il termine fu adottato dai piloti suicidi giapponesi che andavano deliberatamente a schiantarsi con i loro aerei contro le navi da guerra statunitensi: circa 2800 attacchi kamikaze affondarono o distrussero centinaia di navi.

MODA... MANIA

Da quando, oltre 100.000 anni fa, i nostri antenati iniziarono a vestirsi, il loro desiderio era di apparire al meglio. Molti capi di abbigliamento erano attraenti e disegnati per valorizzare il fisico di chi li indossava, ma presero piede anche vere e proprie ossessioni modaiole piuttosto eccentriche, come quando le donne si pettinavano i capelli alti 30 cm sulla testa, per non parlare di alcune mode crudeli, come quella dei cinesi di fasciare strettissimi i piedi delle ragazze per mantenerli piccoli.

La toga non era un semplice indumento, ma anche un segno distint di cittadinanza.

Toga romana

La toga dell'antica Roma era molto pi di una semplice tunica lunga 6 m di lana fine drappeggiata intorno al corp e appoggiata sopra la spalla. Indicava anche il posto che occupava nella soc chi la indossava. Per legge, questo indumento spettava unicamente ai cittadini romani di sesso maschile.

Orgogliosi delle loro gambe ben tornite, nel XVI secolo gli uomini indossavano le calzamaglie per esibirle

Costume elisabettiano

Il bene di maggior valore che la compagnia teatrale di Shakespeare possedeva era il suo guardaroba. Non sorprende che l'abbigliamento di un gentiluomo composto da un farsetto foderato e ricamato, maniche staccabili, gorgiera, brache imbottite sopra la coscia, calze di seta e scarpe eleganti costasse più di quanto molti elisabettiani guadagnassero in un anno intero.

Donne geisha

Sin dal XVIII secolo, le donne geisha giapponesi, con la faccia bianca come il gesso, le labbra scarlatte, i capelli decorati con fiori e con indosso un kimono elegante, un obi (fusciacca) vivace e scarpe con la zeppa, erano altamente qualificate per intrattenere e affascinare gli ospiti con danze elaborate e musica.

Le geisha lavorano ancora oggi, partecipando a feste e incontri.

Eccesso aristocratico

▶ I costumi nel XVIII secolo erano molto scollati sul décolleté e incredibilmente alti sopra la testa.

L'abito europeo della fine del XVIII secolo è un esempio perfetto di moda estrema. Il vestito di una dama gonfio come una campana e dalla vita stretta, aveva maniche a sbuffo con volant. Sembrava che un uccello avesse fatto il nido in cima a quell'incredibile acconciatura molto più grande della testa.

▼ Le pitture facciali fanno sembrare feroci i guerrieri māori, in Nuova Zelanda.

Bellezza cesellata dalle ossa

Il popolo māori (Nuova Zelanda) si vantava della lunga tradizione di Tã moko, i tatuaggi permanenti sul corpo eseguiti con coloranti naturali e incisioni fatte con scalpelli ossei. I segni, simboli di potere e autorità, venivano sfoggiati di solito su viso, cosce e glutei.

Che didietro!

Verso la fine del XIX secolo gli stilisti crearono abiti in crinolina che si allargavano così tanto sul didietro da dover essere supportati da gabbie in acciaio.

◀ L'abito in crinolina esaltava moltissimo la parte posteriore di una donna per farla sembrare più attraente.

Piume che paura!

In battaglia, un avversario capiva subito se combattere, o se invece fosse meglio fuggire, come davanti a un nativo americano Sioux, Crow, Blackfeet (Piedi Neri), Cheyenne, o un guerriero Plains Cree. Ogni piuma d'aquila del suggestivo copricapo da guerra era il simbolo di un atto di eccezionale coraggio. Molte piume? Meglio darsela a gambe il più in fretta possibile!

◀ Le piume del copricapo di Toro Seduto, il capo guerriero dei Sioux, scendeva lungo tutta la schiena.

CHE banchetti!

Gli esseri umani sono onnivori: mangiano sia vegetali sia carne. Durante il regno di Giacomo I (1603-1625) d'Inghilterra, i soldati erano così affamati da ricorrere alla dieta delle loro mucche: si nutrirono di erba. All'altro estremo, Enrico VIII (1491-1547) banchettava a base di lepre, cervo, vitello, pollo, prugne e semi di melograno... e quello era solo il primo piatto!

DURANTE LA GUERRA CIVILE CHE SEGUÌ LA RIVOLUZIONE RUSSA DEL 1917, ALCUNI CONTADINI AFFAMATI FURONO FOTOGRAFATI MENTRE VENDEVANO CARNE UMANA COME CIBO DA MANGIARE.

NELL'ANTICA ROMA ALCUNI ROMANI INGORDI SI INDUCEVANO IL VOMITO PER POTER MANGIARE DI PIÙ.

Estrema generosità

Nel 1900, il governo francese impiegò 3600 persone tra cuochi e camerieri per preparare una gran festa per i sindaci del Paese caratterizzata, tra le altre cose, da oltre 2 tonnellate di fagiano e 50.000 bottiglie di vino. *Bon appétit!*

Mano alla bocca

Per gran parte della storia, le persone si sono servite di coltelli per tagliare la carne e di cucchiai per tirare su alimenti liquidi, ma per portare il cibo alla bocca hanno a lungo usato le dita. Consuetudine strana... Speriamo fossero pulite!

PICCOLO LUSSO

Gli antichi romani amavano fare degli spuntini a metà mattina e sgranocchiavano particolarmente volentieri la carne di ghiro.

Banchetti bestiali

Le cronache raccontano che nel 484 a.C. re Dario di Persia avesse fatto macellare 1000 animali per un banchetto molto speciale. Il menu includeva cammello affumicato, bue, zebra e struzzo.

Cigno prelibato

Fino al XVII secolo il cigno era un piatto popolare tra i più ricchi. Il volatile veniva cucinato arrosto e servito con varie salse.

Un brindisi?

Prima della fine del XVI secolo, la maggior parte degli europei era solita sorseggiare le bevande da dei contenitori di peltro, ceramica o pelle. I recipienti in cuoio venivano rivestiti di resina, che li rendeva impermeabili.

Colazione alcolica

Nel Medioevo, acqua e latte erano spesso contaminati e portavano malattie. Per evitare di ammalarsi, chi poteva permetterselo beveva birra e vino, sia di giorno sia di notte.

La giusta PENA

Secondo la legge, la punizione di una persona deve essere commisurata al crimine commesso. Il passato, invece, è disseminato di esempi di pene eccessive per reati anche di poco conto, come impiccare qualcuno per una pecora rubata, o schiacciare le ossa di un uomo per una pagnotta sottratta.

Via quelle teste!

Durante il "regime del terrore" (1793-1794), in piena rivoluzione francese, fu applicata una delle pene più scioccanti. Una volta che il capo dei rivoluzionari, Maximilien de Robespierre, stabilì che il crimine di essere nemici del popolo dovesse essere punito con la pena la morte, migliaia di uomini e donne vennero ghigliottinate per il semplice fatto di essere quello che erano: gli aristocratici, per esempio, erano per definizione nemici del popolo.

BANDITO!

Gli antichi ateniesi escogitarono un modo sicuro per trattare coloro che erano ritenuti un pericolo per la sicurezza dello Stato. Veniva allora indetta una riunione di cittadini, durante la quale i presenti scrivevano su un *ostrakon* – un pezzo di ceramica – il nome di colui che desideravano fosse allontanato. Chi aveva molti voti era ostracizzato, cioè messo al bando dallo Stato per dieci anni.

▼ Il nome di un cittadino ateniese non gradito veniva inciso su un frammento di ceramica o pietra.

Nel 1793 Maria Antonietta fu condannata alla ghigliottina per tradimento.

▶ Alla fine del XVIII secolo, la cosiddetta fanciulla di ferro era usata come una forma di tortura: la vittima, chiusa dentro l'armadio, veniva trafitta con oggetti appuntiti.

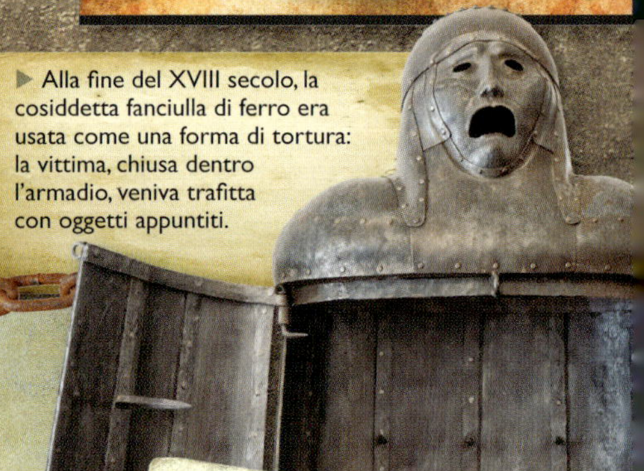

STRUMENTI DI TORTURA

Per molto tempo si è usato estorcere informazioni dalle persone in modi davvero brutali, generalmente con la tortura. Per gli schiavi nell'antica Roma, le punizioni non erano per nulla proporzionate al crimine commesso. Nell'era precristiana, gli schiavi accusati di un reato anche minore subivano automaticamente delle torture, come fosse l'unico modo per far loro rivelare la verità. Più crudele ancora, in età imperiale, se uno schiavo era ritenuto colpevole di omicidio, veniva crocifisso insieme a tutti gli altri schiavi che appartenevano allo stesso padrone.

Prynne fu messo alla berlina e condannato all'amputazione della punta delle orecchie.

AMPUTAZIONE

L'inglese William Prynne (1600-1669), fervente puritano, criticò il teatro ritenendolo illegale e immorale, ed espose le sue idee in un volume di oltre 1000 pagine, *Histriomastix* (1632). Poco dopo la pubblicazione, la regina Enrichetta Maria fece la sua comparsa in uno spettacolo privato di corte e allora alcune parti dell'*Histriomastix* furono interpretate come un attacco diretto alla regina. Prynne fu multato, imprigionato e condannato al taglio delle orecchie.

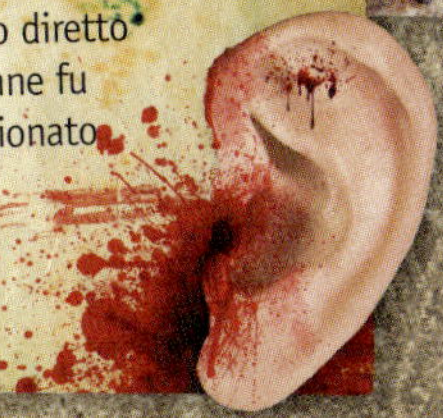

NELL'ANTICA CINA CHIUNQUE UCCIDESSE UN GENITORE, ANCHE PER SBAGLIO, ERA CONDANNATO A MORTE. UN PADRE INVECE CHE PICCHIAVA SUO FIGLIO TANTO DA UCCIDERLO RICEVEVA TUTT'AL PIÙ UNA MULTA.

▼ Tra il XV e il XVIII secolo molte donne, giudicate colpevoli di stregoneria, furono bruciate sul rogo.

▼ In epoca medievale, il collo e le mani di un delinquente venivano bloccati tra due assi di legno – la gogna – in un luogo pubblico, così da potere essere umiliati dai passanti.

▶ La "sedia di tortura" era ricoperta di chiodi su schienale, sedile e braccioli. Le punte penetravano nella carne e causavano una lenta emorragia che portava alla morte.

L'ultima strega

Nel 1782, Anna Göldi, della città svizzera di Glarona, fu decapitata. Aveva confessato sotto tortura di aver visto il diavolo in forma di un cane nero, e che lui l'aveva aiutata a ficcare degli aghi nel cibo delle figlie del suo padrone. Fu l'ultima persona in Europa a essere giustiziata per stregoneria.

Cure... **FATALI!**

Fino all'avvento della rivoluzione scientifica, alla fine del XVII secolo, la medicina era per lo più un insieme di superstizione, religione, folklore, mito, inganno e tentativi. Le cosiddette "cure" includevano lo sfregare le parti malate del corpo con un rospo vivo (un trattamento per la peste), bere una tazza di tè a base di insetti tritati (antirabbica) e medicare una ferita con escrementi e latte di asina. Molti cosiddetti "trattamenti" facevano più male che bene, e chi stava alla larga dai dottori aveva spesso maggiori possibilità di sopravvivere!

LA MEDICINA MEDIEVALE SI BASAVA SULL'IDEA CHE IL CORPO CONTENESSE QUATTRO "UMORI": BILE NERA, BILE GIALLA, FLEMMA E SANGUE. UN ECCESSO DI BILE NERA, PER ESEMPIO, SI RITENEVA ESSERE LA CAUSA DELLA MALINCONIA.

SENTIRE IL CALORE

A una persona che soffriva di mal di denti nell'Europa medievale si consigliava a volte di avvicinare una candela accesa alla parte dolorante. Sembrava che questo rimedio facesse sì che i vermi che stavano mangiando il dente dall'interno cadesse nella tazza che lo aspettava fuori.

Bruciare via il male: curare il mal di denti con una candela accesa.

▼ La cura con le tazze calde in uno stabilimento balneare tedesco.

COPPE CURATIVE

La tradizione di appoggiare delle coppe calde sulla pelle come trattamento curativo risale ai tempi degli antichi Egizi. Con questa "cura", quando l'aria all'interno delle coppe si raffreddava e si contraeva, si rimuovevano i fluidi in eccesso nel corpo. La terapia lasciava segni circolari sulla pelle senza comprovati benefici.

La terapia delle coppe è ancora diffusa nella medicina alternativa.

CUPO SPETTACOLO

Un tempo le malattie mentali non erano riconosciute né curate in modo corretto. Fino al XIX secolo il Bethlem Royal Hospital di Londra (chiamato Bedlam, "baraonda") era considerato una sorta di strano spettacolo. I visitatori dovevano pagare solo 1 centesimo per andare a guardare gli sfortunati pazienti "pazzi" tenuti in catene.

◀ In questa stampa dell'artista inglese William Hogarth del XVIII secolo, alcune signore ben vestite stanno visitando Bedlam (ospedale di Londra per i malati di mente) per puro divertimento.

Automedicazione con guisughe che succhiavano angue.

SANGUISUGHE

Prima dell'avvento delle scienza, molte società erano convinte che prelevare una certa quantità di sangue dal corpo, incidendo una vena o estraendolo mediante sanguisughe, fosse terapeutico. Di fatto, a parte alleviare temporaneamente l'alta pressione sanguigna, questo trattamento rischiava di peggiorare la salute del paziente.

SENZA UN ARTO

È meglio amputare un arto maciullato o gravemente infetto. Tuttavia, prima dell'invenzione dell'anestetico, tali operazioni (di solito eseguite con seghe o coltelli non sterili) spesso uccidevano pazienti coscienti, che morivano per lo shock.

Era piuttosto dolorosa l'amputazione, tipica del XVII secolo!

DOTTOR ROSPO

In epoca medievale le persone tenevano delle piccole borse appese al collo: contenevano una sorta di polvere che si credeva tenesse lontane tutte le malattie, persino il cancro.
Il segreto della cura "miracolosa"? Rospo essiccato e triturato.

Pronto a tritare? Polvere di rospo, una cura... "miracolosa".

Uno sfortunato paziente con la testa bucata.

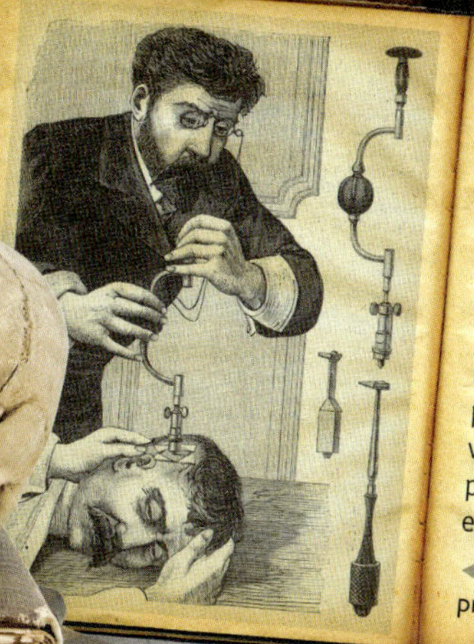

Un buco nella testa

In tutto il mondo, fin dalla preistoria, ferite alla testa, emicranie e persino la depressione venivano curate con il "trapano", cioè facendo un foro di anche 5 cm nel cranio per alleviare la pressione o far uscire i fluidi in eccesso. La procedura salvava forse qualche vita, ma il pericolo di morte per un'infezione fatale o per un errore del chirurgo era altissimo.

◀ La trapanazione del cranio ha provocato... parecchi mal di testa!

I ricchi e i poveri sono sempre esistiti, ma all'inizio della rivoluzione industriale, attorno alla metà del XVIII secolo, questo divario si acuì in modo ancora più evidente, prima in Gran Bretagna, poi in Europa, nell'America del Nord e infine in tutto il resto il mondo. I lavoratori che affollavano le città vivevano in alloggi squallidi e improvvisati, mentre al di là dell'oceano le condizioni degli africani deportati erano ancora peggiori: erano schiavi non pagati. Nel frattempo, migliaia di proprietari di mulini e miniere, banchieri, spedizionieri e costruttori diventavano sfrenatamente ricchi.

Tutto in una stanza

Fino al XX secolo in Europa era comune, tra le famiglie della classe operaia, vivere in un'unica stanza.
La situazione era particolarmente grave nelle città con un'espansione industriale in rapida crescita.

▲ Anche le famiglie numerose in genere vivevano, dormivano e mangiavano in una sola stanza.

RICCHI(SSIMI) e POVERI(SSIMI)

Ricchezze reali

La regina Vittoria riceveva un appannaggio di 385.000 sterline all'anno dal governo britannico per il semplice fatto di essere regina. Ciò equivale, oggi, a circa 21 milioni di sterline, che sono più o meno 25 milioni di euro. Quando morì, nel 1901, lasciò una fortuna di oltre 2 milioni di sterline.

IL DUCA DI PORTLAND SI FECE COSTRUIRE UNA GALLERIA SOTTERRANEA DI 2,4 KM COSÌ DA POTER VIAGGIARE DA CASA SUA (WELBECK ABBEY, REGNO UNITO) ALLA STAZIONE FERROVIARIA DI WORKSOP SENZA ESSERE VISTO.

SENZA BADARE A SPESE, L'INCORONAZIONE DELLA REGINA VITTORIA (1838) COSTÒ 70.000 STERLINE DI ALLORA.

I palazzi dei poveri

Troppo povero per mantenerti? C'è posto nelle *workhouses* – case di lavoro –, squallide istituzioni pubbliche che, in cambio di lavori degradanti, ospitavano i poveri e i loro figli fornendo alloggi miseri e disagiati e un tozzo di pane per sopravvivere. Con regole molto restrittive e rigide, i posti di lavoro erano mantenuti volutamente sgradevoli così da scoraggiare eventuali scrocconi.

▼ Innumerevoli poveri seduti per un magro pasto nella Marylebone workhouse a Londra (Regno Unito).

▼ Gli operai delle fabbriche vivevano in minuscole case a schiera prive di bagni interni o acqua corrente. L'aria, impregnata del fumo che veniva dalle vicine fabbriche, era sporca.

Lavoro sporco

Durante la rivoluzione industriale furono costruite molte fabbriche in cui lavoravano per lunghe ore, in condizioni malsane, non solo adulti, ma anche bambini. Fino al 1850 soltanto i proprietari beneficiarono della ricchezza generata dall'industria, mentre i lavoratori vivevano in città sporche e sovraffollate, i cosiddetti *slums*, quartieri di abitazioni fatiscenti e insalubri che sorgevano intorno alle fabbriche.

Un'esibizione di lusso

Nel 1849, il marito della regina Vittoria, il principe Alberto, ideò un progetto per un'esposizione da svolgersi a Londra ma aperta a un pubblico mondiale. L'"esposizione universale" fu inaugurata il 1° maggio 1851 con oltre 14.000 espositori radunati nell'appena costruito Crystal Palace che esibivano le loro ultime invenzioni a milioni di visitatori stupiti. Alla chiusura, oltre un quarto della popolazione britannica era andata a vedere il Crystal Palace.

IL CRYSTAL PALACE DI LONDRA (1851) ERA UN SIMBOLO DELLA RIVOLUZIONE INDUSTRIALE, CHE RESE DAVVERO MOLTO RICCHI ALCUNI INGLESI.

GUERRA E PACE

Gli uomini, sosteneva il poeta Alexander Pope, sono la gloria, lo scherzo e l'enigma del mondo, soprattutto nelle questioni di guerra e di pace. Dopo gli orrori della prima guerra mondiale (1914-1918), ovunque in Europa furono eretti monumenti per la pace, e malgrado ciò, appena vent'anni dopo il continente scese ancora in guerra. Sebbene molti dei personaggi più noti della storia fossero stati grandi promotori di pace, è purtroppo insito nell'uomo subire il fascino delle imprese eroiche (e talvolta barbare) di guerrieri e capi militari.

Principe di pace

Inorridito dalle 100.000 vittime della guerra di Kalinga (265 a.C. circa), il grande imperatore indiano Aśoka (304-232 a.C.) si convertì al buddismo e inaugurò uno dei regni più pacifici, giusti e tolleranti che la storia avesse mai conosciuto. Istruzione, salute, giustizia, benessere: ogni ramo del governo fu toccato dalle sue idee improntate alla nonviolenza. Dopo la morte, Aśoka, sarebbe stato ricordato come "*Samraat Chakravartin*", cioè l'imperatore degli imperatori.

Ingiustamente famoso

Hollywood ha fatto un ottimo lavoro rappresentando l'impero romano come un luogo di guerra e violenza gratuita, ma va detto che l'immagine non è del tutto corretta. Per oltre 200 anni (27-180 d.C.) l'impero combatté grandi guerre, è vero, ma diffuse in tutto il mondo mediterraneo, su cui dominò, non solo ordine, ma anche una rete di leggi relativamente civili.

▼ L'opinione di molte persone riguardo all'impero romano nasce da film come Il gladiatore (2000), che enfatizza la violenza piuttosto che la capacità di diffondere le leggi e di mantenere l'ordine.

Lotte dinastiche

Nel 1066, Guglielmo di Normandia conquistò la corona d'Inghilterra e da allora ebbe inizio una guerra che si concluse solo nel 1558, quando Calais, ultima città sul continente rimasta sotto il controllo degli inglesi, fu conquistata dai francesi. La lotta, di fatto, era dinastica, alimentata dai re che volevano espandere i loro territori con la forza piuttosto che su principi etici. Il conflitto raggiunse il culmine nella guerra dei cent'anni (che durò in realtà 116 anni, dal 1337 al 1453).

◀ Le forze francesi, spagnole e inglesi lottano per il potere nel 1367 a Nájera.

Pile di teste mozze

Il conquistatore dell'Asia centrale Tamerlano (1336-1405) era uno specialista in atti di barbarie estrema. Mentre andava formando il suo impero intorno alla Persia e al Mar Caspio, le sue truppe compirono vere e proprie stragi tra le popolazioni, uccidendo anche 100.000 innocenti in un solo giorno. Su un piano più personale, sembra si divertisse a sparare teste umane dai cannoni e a costruire enormi piramidi con i crani delle sue vittime.

▶ Lo spietato conquistatore Tamerlano era conosciuto anche come Amir Timur o, impropriamente, Timur il Grande.

Arma maledetta!

Il 6 agosto 1945, la bomba atomica soprannominata Little Boy, ragazzino, cancellò la città giapponese di Hiroshima, e l'umanità capì di avere ormai il potere di distruggere se stessa e il pianeta che abitava. Il presidente degli Stati Uniti Harry S. Truman rifletté a lungo su cosa fare della bomba e alla fine decise che lanciarla avrebbe, alla lunga, salvato delle vite. Oggi continuiamo a vivere con le conseguenze di quella decisione.

▲ Hiroshima, 1945: questa devastazione totale costituisce un duro ammonimento per l'umanità.

LEGGI assurde

Quando il signor Bumble, nell'*Oliver Twist* di Charles Dickens, dichiarò: "La legge è un asino!", non era poi così lontano dalla verità. La storia è disseminata di leggi assurde, e mentre alcune erano semplicemente sciocche, altre erano decisamente crudeli. Una legge inglese che vietava l'ingresso in Parlamento con addosso l'armatura aveva forse senso nel 1313, ma compariva ancora nello Statuto nel 2011. Una legge approvata nel 1908 nello Stato americano dell'Oklahoma vietava il matrimonio tra persone di origine africana con qualsiasi persona che non avesse tale origine.

Magro e crudele

I dibattiti sull'obesità la presentano spesso come un problema tipico dei nostri giorni, ma non è così. Nel 1336 l'Inghilterra, per impedire alla popolazione di diventare grassa e inabile, promulgò una legge che rendeva illegale mangiare più di due portate per pasto.

La Cucina grassa di Jan van der Heyden, del 1563.

Taxi pazzi

Le norme e i regolamenti per i taxi sono molto specifiche. A Londra per esempio è vietato chiamare un taxi se si soffre di peste. Inoltre, è considerato illegale trasportare in taxi cadaveri o cani rabbiosi.

Single o sposato?

In Florida (Stati Uniti), un donna non sposata può essere costretta ad andare in prigione se pratica paracadutismo di domenica. Nel Vermont (Stati Uniti), un marito deve dare il suo consenso scritto perché la moglie usi la dentiera.

Vestirsi

I legislatori adorano interferire nella vita quotidiana, in particolare quando si tratta di come vestirsi. Roma, nel XVI secolo, vietò gli abiti scollati, e nel Massachusetts (Stati Uniti) una legge del 1651 proibì a chiunque di indossare bottoni d'oro o argento, pizzi e altri oggetti di lusso che non avessero un valore di almeno 200 dollari.

Seta protetta

La Cina protesse fermamente il suo monopolio sull'industria della seta, incredibilmente redditizia, e puniva chi si lasciava sfuggire un qualsiasi dettaglio relativo ai processi di produzione, considerati top secret. Una legge affermava che qualsiasi persona rivelasse come venissero raccolti i bozzoli dei bachi da seta del gelso o come avvenisse la filatura, sarebbe stato condannato a morte con torture.

Legge folle

Una legge presumibilmente approvata da un legislatore americano distratto dello Stato della Florida negli anni Sessanta rese illegale trasportare armi da fuoco tranne che... per sparare a parassiti o poliziotti mentre erano in servizio. La formulazione fu modificata prima che un pubblico ufficiale venisse ferito.

Il potere dei nomi

Sebbene fosse un dittatore antidemocratico, il popolo francese provava grande ammirazione per l'imperatore Napoleone I (1769-1821), tanto da vietare di dare il suo nome a un maiale. Fu questo fatto a ispirare lo scrittore inglese George Orwell, che nel suo libro, *La fattoria degli animali* (1945), chiamò Napoleone il maiale dall'atteggiamento dispotico.

▼ Passeggeri di colore su un treno sudafricano alzano i pollici dai finestrini di una carrozza che fino a poco tempo prima era riservata solo ai bianchi.

Leggi razziste

Dopo avere legiferato definendo chiunque in base alla sua razza, nel 1950 il governo sudafricano approvò alcune leggi (Group Areas Act) che suddividevano la popolazione in gruppi razziali e i luoghi in cui i membri di ciascuno di questi gruppi razziali potessero o dovessero vivere. Inutile dire che ai bianchi, che avevano fatto la legge, vennero assegnate le zone migliori.

DISSOTTERRARE la storia

Scavando in profondità nei misteri del passato, emergono antichi manufatti e città perdute, rivelando civiltà che sarebbero rimaste dimenticate per sempre.

◄ Nel 2002 sono state scoperte a Shandong (Cina) centinaia di soldati, cavalli e carri di terracotta. Un tempo i soldati erano dipinti con colori vivaci.

TESORI... per caso!

La scoperta di siti antichi, aiuta gli archeologi a svelare nuovi dettagli del passato. A volte persone normali si trovano per caso di fronte a un pezzo di storia: un contadino incoccia magari in ceramiche egizie, uno speleologo inciampa nelle punte di freccia dei nativi americani, o un metal detector individua un tesoro romano. Ciascuno di questi reperti contribuisce a ricostruire la storia della vita umana.

IL VOLTO DEL POTERE

L'elmo Crosby Garrett, che risale al I-III secolo d.C., fu trovato nel 2010 in Cumbria (Inghilterra) con un metal detector. Questo elmo da cavalleria in ottone, poco funzionale, probabilmente non era pensato per il campo di battaglia, ma fu forgiato per essere usato durante una parata o una cerimonia pubblica. La maschera facciale fungeva da visiera, e chi la indossava desiderava forse incutere timore in chi vedeva quel volto splendente come un dio.

ORO SASSONE

Nel 2009, grazie a un metal detector è stata fatta una scoperta straordinaria: il tesoro dello Staffordshire, che includeva oltre 3500 oggetti d'oro, d'argento e granati risalenti al VII o all'VIII secolo, al tempo del regno di Mercia. È la più grande collezione di oro e argento anglosassone mai ritrovata.

UNA NAVE A MANHATTAN

Nel 2010, durante i lavori di costruzione del nuovo World Trade Center di New York, gli operai trovarono i resti di una nave con uno scafo lungo quasi 10 m. Le analisi del legno dimostrarono che risaliva al 1770, quindi al tempo della rivoluzione americana, e che si trattava probabilmente di uno sloop costruito sul posto. Era probabilmente utilizzato per i commerci su e giù per il fiume Hudson o lungo la costa.

Salvadanaio romano

Nel 2010 un metal detector ha rilevato la presenza di un vaso in ceramica a Frome, in Inghilterra, che conteneva 52.503 monete romane la cui datazione potrebbe oscillare tra il 253 e il 305 d.C. Molte risalivano al tempo di Carausio, un comandante dell'esercito di origine celtica che si autoproclamò imperatore romano nel 286 d.C.

I rotoli del Mar Morto

Tra il 1946 e il 1947 due pastori che vivevano non lontano delle rive del Mar Morto, in Palestina, scoprirono dei preziosi rotoli in alcune antiche grotte. Al 1956, erano stati identificati 972 documenti distinti, vergati tra il 150 a.C. e il 70 d.C., che includevano non solo testi della Bibbia in ebraico, ma anche scritti su alcune sette religiose.

PREPARARE UNO SCAVO

Gli scavi archeologici, organizzati e portati avanti da musei, università e società storiche, possono proseguire ininterrotti per mesi. Archeologi e volontari usano strumenti speciali per non provocare alcun danno ai reperti durante i lavori.

Scoperte LEGGENDARIE

Schliemann scoprì questa straordinaria maschera d'oro a Micene, in Grecia.

Le più importanti scoperte archeologiche possono cambiare il nostro modo di vedere e pensare il passato. Alcuni esploratori hanno dedicato molti anni della loro esistenza alla ricerca di nuovi siti. I ritrovamenti più significativi avvengono a volte in luoghi difficili da raggiungere, o molto grandi, e possono richiedere di risolvere antichi enigmi.

Mega trasbordo

Scavi imponenti nel sito di Nimrud, o Kalhu, nell'odierno Iraq, dove un tempo si trovava lo splendido palazzo del re Assurnasirpal II, che governò l'impero assiro dall'883 all'859 a.C. All'interno vi erano colossali statue di leoni e tori alati con teste umane che proteggevano il sovrano dal male. Nel 1847 l'archeologo Austen Henry Layard (1817-1894) decise di portarne due al British Museum di Londra.

Ciascuna statua pesava circa 10 t. Ci vollero 300 uomini per trascinarle lungo le rive del Tigri, uno sforzo immane!

ACCANTO ALL'ESERCITO DI TERRACOTTA, EMERSERO ANCHE ACROBATI, DANZATORI E CORTIGIANI, SEMPRE DI TERRACOTTA.

▲ Una testa umana barbuta sormontata da un copricapo sacro sovrasta la statua alta 4 m del toro alato.

Grande intuito

Heinrich Schliemann (1822-1890) era sempre stato affascinato dalle leggende greche e troiane. Archeologo dilettante, i suoi metodi erano sbagliati e le datazioni azzardate, ma fu un uomo davvero fortunato. Riuscì infatti a individuare e dissotterrare a Hissarlik, in Turchia, l'antico sito di Troia. Questo ritrovamento fece capire che l'*Iliade*, il poema epico che raccontava la guerra di Troia, si basava probabilmente su eventi accaduti davvero, migliaia di anni prima.

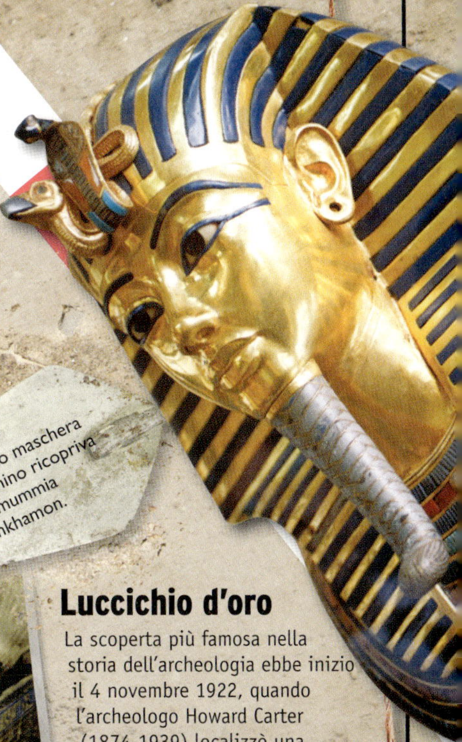

▶ Questo maschera d'oro zecchino ricopriva il volto della mummia di Tutankhamon.

Accanto al sarcofago di Tutankhamon, Carter scoprì duemila reperti.

Lucchichio d'oro

La scoperta più famosa nella storia dell'archeologia ebbe inizio il 4 novembre 1922, quando l'archeologo Howard Carter (1874-1939) localizzò una tomba nella Valle dei Re (Egitto meridionale), che era stata un cimitero segreto per i regnanti egizi. La tomba apparteneva a un giovane faraone che si chiamava Tutankhamon (1341-1323 a.C. circa).

◀▶ Le fosse contenenti i soldati a grandezza naturale furono ritrovate nel 1974.

Esercito di fantasmi

A Xi'an, in Cina, nel 246 a.C., a 700.000 lavoratori fu assegnato un compito sbalorditivo: costruire una tomba per il primo imperatore cinese, Qin Shi Huang, e di realizzare anche un grande esercito per proteggerlo nell'aldilà. Iniziarono modellando un'armata di statue in terracotta...

◀ In totale potrebbero esserci stati, dislocati tra le varie fosse, 8000 soldati, 670 cavalli e 130 carri.

GRANDIOSI monumenti

Nel corso della storia, le persone hanno eretto edifici grandiosi, monumenti e statue. L'obiettivo del costruttore era quello di incutere un senso di rispetto, terrore, meraviglia o delizia. Quello degli archeologi è di capire come vivevano le varie civiltà dei tempi passati.

Cattedrale di Chartres

Il magnifico rosone della cattedrale di Chartres, in Francia, fu costruito intorno al 1215.

IL TEMPIO DEL SERPENTE

Chichén Itzá, in Messico, era una grande città dominata, tra l'VIII e il XIII secolo d.C, dai Maya e dai Toltechi. Negli ultimi anni, vi fu edificata una grande piramide a gradoni, un tempio dedicato al dio serpente piumato. Un serpente, scolpito nella pietra, orna le scalinate, e due volte l'anno il Sole getta strane ombre a forma di serpente sui gradini settentrionali. In seguito, il monumento divenne noto con il nome di *el Castillo*, il castello.

Chichén Itzá

La piramide e la sua piattaforma hanno un gradino per ogni giorno dell'anno.

I GUARDIANI DELL'ISOLA

I primi navigatori europei che raggiunsero le coste della remota isola di Rapa Nui (l'isola di Pasqua), nel Pacifico, rimasero disorientati alla vista dei moai, enormi statue di pietra scolpite dai polinesiani che vissero lì tra il 1200 e il 1680. La più alta raggiunge i 10 m, la più pesante arriva a 86 t.

L'ISOLA DEI MOAI

887 moai sono sopravvissuti sull'isola di Pasqua. Raffigurano antenati e dei.

Potenza e lode

Le cattedrali cristiane nell'Europa del Medioevo venivano costruite con torri massicce per impressionare i fedeli con il potere di Dio, o con alte guglie che puntavano verso il cielo. All'interno vi erano altari dorati e vetrate colorate e istoriate per abbagliare gli occhi o per illustrare le vite dei santi. Questi edifici, come la cattedrale di Chartres, attirarono migliaia di pellegrini da tutta Europa.

MAGIA DELLE AUTO

Nel 1930, questo grattacielo svettante era l'edificio più alto del mondo e rimane ancora oggi uno dei posti più spettacolari di New York, un luogo di interesse storico. In origine era la sede di un'importante casa automobilistica, il colosso Chrysler.

Chrysler Building

Questo magnifico edificio di ben 77 piani è alto 319 m.

AMORE ETERNO

Le sue pareti di marmo bianco sono intarsiate di pietre preziose, le alte torri, o minareti, svettano graziose e snelle, e le cupole si riflettono in tranquille piscine d'acqua. È il Tāj Mahal di Agra, in India, ritenuto da molti l'edificio più bello del mondo. Costruito tra il 1630 e il 1653, doveva essere la tomba che avrebbe eternato per sempre l'amore che l'imperatore moghul dell'India, Shāh Jahan, provava per la moglie defunta, Mumtaz Mahal. Quando nel 1666 Shāh Jahan morì, fu sepolto accanto a lei.

Tāj Mahal

Ci fu bisogno di più oltre 1000 elefanti per trasportare il marmo fino al luogo di costruzione.

SEGRETI DI PIETRA

I grandi pilastri di Stonehenge si elevano dalla piana di Salisbury, nell'Inghilterra meridionale. Nel corso dell'anno le pietre si allineano con le posizioni del Sole e delle stelle. Stonehenge, sorto in diverse fasi tra il 2600 e il 1600 a.C. circa, era probabilmente un luogo usato per rituali sacri.

STONEHENGE

Alcuni credono che Stonehenge fosse un calendario, altri un tempio dedicato al culto del Sole, altri ancora un luogo di guarigione.

ANTICHI imperi

I grandi imperi di una volta avevano un potere immenso: governavano territori molto estesi e accumulavano ricchezze stratosferiche. Tuttavia, le rovine dei loro monumenti ci ricordano che il potere non dura in eterno e che qualsiasi impero è destinato un giorno o l'altro a cadere.

Difendere l'impero

Il potere attira inevitabilmente dei nemici, per questo gli imperi hanno bisogno di proteggersi. Gli imperatori cinesi, che temevano l'invasione delle tribù che vivevano a nord, tra il III secolo a.C. e il XVI d.C. costruirono la rete di fortificazioni più lunga del mondo: la Grande Muraglia. Il muro fungeva anche da rotta est-ovest per il commercio e le comunicazioni. Malgrado l'imponenza, la Grande Muraglia non riuscì a fermare l'invasione mongola della Cina nel XIII secolo.

▲ Il muro originale si estendeva per migliaia di chilometri. Oggi rimangono solo alcuni tratti della costruzione originaria, mentre intere parti sono state ricostruite in età moderna.

REGINA D'AVORIO

I grandi imperi creavano spesso veri e propri capolavori d'arte. Questa splendida testa rappresenta la regina Idia, la madre di Esigie che governò l'impero del Benin (odierna Nigeria) dal 1504 al 1550. Molti imperi prosperarono in Africa prima che le loro terre fossero occupate dai fondatori degli imperi europei tra il XIX e il XX secolo.

◄ La maschera in avorio della regina Idia è ora a New York, al Metropolitan Museum of Art (Stati Uniti).

Il re dei re

Nel sud-ovest dell'Iran ci sono ancora le rovine di Persepoli, la città di Dario il Grande, sovrano dell'impero persiano dal 522 al 486 a.C. Verso la fine, le terre persiane si estendevano dall'Asia occidentale e centrale all'Europa, raggiungendo anche l'Africa settentrionale. Fu il più grande impero che il mondo avesse mai conosciuto, governando all'incirca 50 milioni di persone.

▼ Questo bassorilievo (immagine proiettata) a Persepoli (Iran) mostra degli uomini intenti a salire le scale recando dei doni per Dario il Grande.

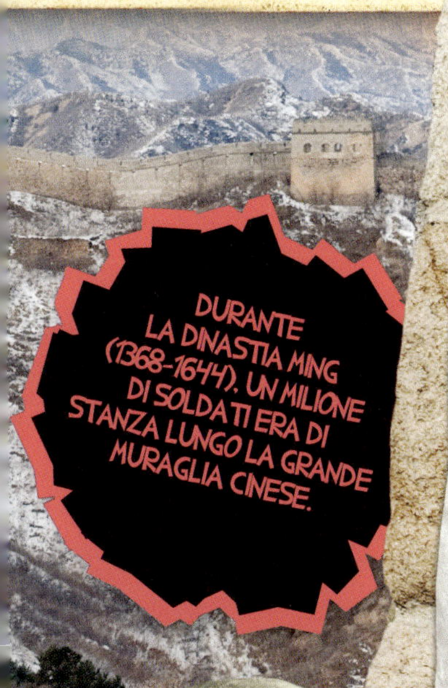

DURANTE LA DINASTIA MING (1368-1644), UN MILIONE DI SOLDATI ERA DI STANZA LUNGO LA GRANDE MURAGLIA CINESE.

L'imperatore del Sole

Una folla entusiasta si raduna in un'antica fortezza inca a Cuzco (Perù), per assistere a una spettacolare rievocazione della festa del Sole di Inti Raymi. Nel XV secolo e all'inizio del XVI, l'impero inca, detto Tawantinsuyu, si estendeva per oltre 3600 km lungo la fascia costiera e le montagne sudamericane. L'imperatore, o Sapa Inca, incuteva soggezione. Lo ritenevano un dio disceso dal Sole. Ogni anno per la festa del 24 giugno, in occasione del solstizio d'inverno nell'emisfero australe, compiva dei sacrifici.

▲ Una moderna rievocazione dell'antica festa inca continua ancora oggi a suggestionare le folle che vi assistono.

Potere sui popoli

Gli imperi sono l'unione di molte terre sotto un unico sovrano o governatore, che ne controlla il potere militare, l'amministrazione, le leggi e le comunicazioni. Tutte queste competenze sono state messe insieme per la prima volta in Medio Oriente, con il primissimo impero del mondo, dominato dalla città di Akkad, in Mesopotamia, fondata nel 2334 a.C. da un sovrano chiamato Sharrum-Kin, a noi noto come Sargon I. Si estendeva dal Mar Mediterraneo al golfo Persico, ma si sgretolò attorno al 2160 a.C.

◄ Questa testa di rame rappresenta forse Sargon I, ma è più probabile che si tratti di suo nipote Naram-Sin, morto nel 2218 a.C.

Decifrare I CODICI

Se vogliamo fare un passo indietro nella storia, è necessario conoscere le lingue di un tempo ormai lontano. Spesso parole e caratteri sono dimenticati da così tanto tempo che a noi non sembrano altro che strani simboli scolpiti su rocce, tombe o templi. Soltanto gli esperti di lingue sono in grado di sciogliere il mistero. Il loro lavoro può richiedere anche tutta una vita, ma quando riescono a decifrare un codice, aprono una finestra sul passato.

L'enigma di Rosetta

Nel 1799 fu trovata a Rosetta (Rashid), in Egitto, una lastra di pietra nera. Riportava un'iscrizione del 196 a.C. in tre lingue differenti, con l'intento di celebrare l'inizio del regno di un sovrano. Solo nel 1824 si riuscirono a interpretare in modo corretto tutte le parole sulla stele. Il codice fu decifrato dal genio francese Jean-François Champollion, che aveva iniziato mettendo a confronto i caratteri greci conosciuti, presenti nella parte in basso, con i simboli egizi del registro superiore. Quindi, contò e confrontò la frequenza dei simboli con altri testi. L'alto numero di antichi geroglifici egizi dimostrava che ognuno di loro dovesse avere più funzioni, potevano cioè rappresentare suoni, oggetti e idee.

▶ La stele di Rosetta ci ha aiutato a capire di più delle vite straordinarie – e ancor più delle morti straordinarie – degli antichi Egizi.

La parte superiore è stata scritta in geroglifici, simboli che ricoprono tombe e statue dell'antico Egitto. Nessuno storico riusciva a capirne il significato.

La seconda parte è in demotico, la lingua di tutti i giorni dell'antico Egitto. Un altro mistero.

La terza parte è in greco antico, che la gente comprendeva. Ecco, finalmente, la chiave che ha aperto la porta al passato.

Simboli a confronto

Negli anni Trenta e Quaranta dell'Ottocento, lo studioso britannico Sir Henry Rawlinson (1810-1895) rimase affascinato dalle iscrizioni tratteggiate con caratteri cuneiformi e risalenti al regno di re Dario il Grande (548-486 a.C.) trovate sul monte Behistun, in Persia (moderno Iran), incise in tre lingue: l'antico persiano, l'elamitico e il babilonese. Rawlinson e altri studiosi compresero che la parte composta in antico persiano rappresentava dei suoni, e confrontando i simboli e la loro frequenza, riuscirono a comprendere anche gli altri due scritti.

◀ Rawlinson rischiò la vita scalando una parete rocciosa nel tentativo di poter vedere le incisioni più da vicino.

Storia misteriosa

Grandi civiltà prosperarono nelle città della valle dell'Indo (odierno Pakistan) più di 4500 anni fa. Migliaia di oggetti furono decorati con simboli, ma nessuno ne conosce il significato. Ci sono poche di quelle ripetizioni e combinazioni che normalmente compongono una lingua, ma alcune analisi fatte al computer nel 2009 fanno pensare che si tratti davvero di antiche iscrizioni.

▶ Si dice che siano circa 417 simboli che compongono la scrittura indù.

NEL 2011, UN DIZIONARIO ACCADICO IN 21 VOLUMI, COMPOSTO DA 28.000 PAROLE IN CARATTERI CUNEIFORMI, FU PUBBLICATO DALL'UNIVERSITÀ DI CHICAGO (STATI UNITI). CI VOLLERO 90 ANNI PER COMPLETARE IL LAVORO, CHE COINVOLSE UNA SQUADRA DI 85 PERSONE!

Alcuni pensano che il disco di Festo sia stato inciso nel 1908.

Ritorno al futuro

Più di 3000 anni fa, degli indovini cinesi intagliavano alcune parole su dei pezzi di ossa di animali e di gusci di tartaruga che poi gettavano nel fuoco. Guardando le linee che si creavano mentre le ossa si spezzavano, credevano di riuscire a vedere il futuro. Queste incisioni sulle cosiddette ossa oracolari erano i predecessori della moderna scrittura cinese e forniscono informazioni importanti su quel periodo.

▶ Quando alcuni agricoltori trovarono questi frammenti di ossa, migliaia di anni dopo che erano stati incisi, credettero si trattasse di ossa magiche di drago.

Spirali segrete

L'isola di Creta, nella Grecia meridionale, racchiude molti antichi segreti, leggende e rovine. Questo disco di argilla fu trovato nell'antica città di Festo e risale al lontano 1700 a.C. circa. I segni di una scrittura, incisi lungo una linea a spirale, non sono mai stati decifrati. Alcuni esperti ritengono che qualcuno di questi simboli ricordi una misteriosa scrittura cretese conosciuta come Lineare A.

Fuori dalle CENERI

Anche se nell'antichità i popoli erano soliti associare le eruzioni vulcaniche alla rabbia degli dei, si stabilivano comunque spesso vicino a un vulcano, dove la terra è ricca di minerali e fertile. Valeva dunque la pena rischiare. I vulcani possono essere visti come il simbolo del potere distruttivo della natura, eppure a volte preservano i resti di esseri umani e di edifici. Questi siti sono quindi preziose capsule del tempo, dove un momento del passato viene "catturato" per l'eternità.

Mega eruzione!

Una delle eruzioni vulcaniche più catastrofiche della storia sventrò letteralmente l'isola greca di Thera, o Santorini, non lontano da Creta, forse nel 1620 a.C. Il mare la invase e inondò l'enorme caldera del vulcano, ormai collassata. Una città, Akrotiri, rimase sepolta sotto la pomice, una pietra vulcanica. Dal 1967, anno d'inizio degli scavi in quel sito, vennero alla luce tubature di argilla, mobili, ceramiche e splendidi dipinti nello stile minoico dell'antica Creta.

▶ Impronte di un lontano passato scoperte nel 1978 da Paul Abell, della squadra di Mary Leakey. Si trattava di ominidi che non solo camminavano eretti, ma avevano anche piedi molto simili ai nostri.

Impronte fossilizzate

Queste impronte a Laetoli, in Tanzania, sembrano fatte ieri e invece hanno circa 3,7 milioni di anni e risalgono a molto prima dell'evoluzione dei moderni esseri umani. Appartengono ad alcuni ominidi, una famiglia di individui che comprende i nostri lontani antenati. Le orme sono state lasciate su della fine cenere vulcanica, che si impastò con la pioggia e si indurì, fossilizzandosi e rimanendo impresse per sempre nella pietra.

Le rovine di Akrotiri rivelano che il popolo minoico risale a oltre 3600 anni fa

Le ceneri pietrificate catturarono il momento in cui le persone morirono a Pompei.

Ingessati!

La città italiana di Pompei fu sepolta sotto pomice e cenere fino a 7 m di profondità. Interi corpi rimasero bloccati nella cenere. Durante il processo di decomposizione, si formarono delle cavità di forma umana, dove poi restarono solo gli scheletri. Gli archeologi hanno scoperto che riempiendo queste cavità di gesso e materiale solidificante, si potevano "ricostruire" i cittadini di Pompei com'erano in quel fatidico giorno del 79 d.C.

POCHI ATTIMI A POMPEI

Immagina un'intera città che si ferma di colpo, nel 79 d.C. Pasti lasciati a metà sul tavolo, gli abitanti e i cani che fuggono dall'inesorabile pioggia di cenere soffocante, che seppellisce, soffocandola, l'intera città. Durante gli scavi a Pompei sono emersi il *forum* (il centro politico, economico e religioso) e anche templi, strade, negozi, case, giardini, teatri, bagni, taverne, lavanderie e panifici.

In un forno a Pompei è stata ritrovata questa pagnotta di pane carbonizzato.

Questo scheletro venne alla luce durante gli scavi delle rovine di Ercolano, con anelli d'oro intatti sulle sue dita.

Orrore a Ercolano

Ercolano era una piccola città italiana di mare situata a soli 7 km dal Vesuvio, la cui eruzione nel 79 a.C. fece esplodere cenere e acqua molto calda. La cittadina rimase sepolta sotto 15 m di fango bollente, che si trasformò gradualmente in roccia. Molte persone fuggirono prima del disastro, ma circa 300, che cercavano di scappare, rimasero bloccate nelle rimesse per le barche sulla spiaggia. Dagli scavi iniziati fin dal XVIII secolo sono emersi case, bagni pubblici, fontane, gioielli e pitture murali.

CITTÀ perdute

Riesci a immaginare città moderne come Sydney, Las Vegas o Toronto che vengono semplicemente cancellate dalla mappa? Come potrebbero apparire in futuro a un archeologo? Molti fiorenti città sono state distrutte da inondazioni, terremoti, pestilenze, guerre, e a volte i cambiamenti climatici hanno trasformato terre fertili in deserti, non più in grado di fornire cibo a sufficienza ai suoi abitanti.

Radici e viti tropicali nascondono in parte le pietre di Angkor Wat.

Ritorno alla natura

Non ci vuole molto tempo perché la natura riconquisti monumenti e città, erosi dal vento, spaccati dal gelo o cotti dal Sole. Radici e piante rampicanti ne prendono possesso, coprendoli e avvolgendoli, fino a nasconderli. In Cambogia lo straordinario sito di Angkor Thom e il grande tempio di Angkor Wat, costruiti tra il XII e il XV secolo, verrebbero letteralmente inghiottiti dalla vegetazione tropicale se non fossero costantemente sgomberati e tenuti puliti.

Machu Picchu fu costruita attorno al 1400 e abbandonata dopo l'invasione spagnola del 1532.

Sulle tracce degli Inca

Sui ripidi pendii montuosi del Perù c'erano delle misteriose tracce di edifici e terrazzamenti per le coltivazioni, ricoperte di alberi e sottobosco. Nel 1911 una spedizione guidata dall'archeologo americano Hiram Bingham (1875-1956) attraversò il fiume Urubamba e salì verso il picco di Machu Picchu. Bingham iniziò a ripulire le rovine dal fitto fogliame e a scavare. Scoprì così eleganti case in pietra, terrazze, strade ripide, templi, fontane e botteghe.

Sabbia e roccia

Petra, in Giordania, era un tempo un luogo di passaggio per le carovane di cammelli che attraversavano il deserto con i loro tesori. La città fu costruita in una fessura della roccia e rifornita di acqua dolce per mezzo di acquedotti. A partire dal 500 a.C. Petra divenne la capitale dei Nabatei e passò sotto il dominio romano nel 106 d.C. Poco dopo, i commerci si spostarono verso le rotte costiere. L'Occidente non seppe nulla dell'esistenza di Petra fino al 1812, quando Johann Ludwig Burckhardt (1784-1817) la riscoprì.

▲ Gli edifici di Petra erano scolpiti direttamente nella roccia arenaria.

IL FOSSATO CHE CIRCONDA IL TEMPIO DI ANGKOR WAT È LUNGO 6 KM.

Prime civiltà

Çatalhöyük, in Turchia, fu una delle primissime città del mondo, fondata tra il 7500 e il 5700 a.C. Le case, addossate l'una all'altra, non avevano strade nel mezzo. Centro agricolo e artigianale, vi si svolgevano anche delle cerimonie religiose. Probabilmente fu abbandonata quando cambiarono i flussi commerciali.

◀ Questa statua della dea madre fu realizzata a Çatalhöyük attorno al 6000 a.C.

OGGETTI **COMUNI**

Le scoperte di oggetti di uso quotidiano spiegano agli storici il modo di vivere delle persone comuni vissute prima di noi. Possiamo confrontare questi reperti con quelli che utilizziamo noi oggi, per cercare di capire come le cose siano cambiate con il passare degli anni.

Scacchi nordici
Isola di Lewis (Scozia)
Gli scacchi di Lewis furono scolpiti in avorio di tricheco, probabilmente in Norvegia. Tutti i pezzi avevano forma umana, tranne i pedoni.

XIV sec.

Giara per olio profumato
Makresia (Grecia)
Gli antichi Greci conservavano cosmetici, unguenti, profumi e oli in contenitori di terracotta riccamente decorati. Gli oli mantenevano la pelle liscia ed elastica. Le donne ricche, per avere un'elegante carnagione pallida, usavano la cipria.

XVIII sec.

Pettine māori
Nuova Zelanda
Gli uomini māori portavano pettini ricavati da ossi di balena o legno nei loro *topknots* (crocchie di capelli sulla parte alta della testa). Tali oggetti erano considerati proprietà sacre.

Vaso greco
Grecia
Cibo e vino venivano conservati in contenitori di terracotta, le anfore, che mantenevano fresche le derrate alimentari.

Inizio XX sec.

Telefono candeliere
Stati Uniti
I primi telefoni furono prodotti negli anni Settanta dell'Ottocento negli Stati Uniti. I telefoni candeliere avevano un ricevitore staccabile e un bocchino in posizione verticale.

RICORDI QUOTIDIANI

Le risposte agli interrogativi sulla vita di tutti i giorni nel passato si possono ottenere attraverso innumerevoli piccoli indizi. Le persone come si vestivano e come mangiavano? Andavano a scuola? Come si mantenevano? Come comunicavano tra loro?

XX sec.

Fonografo
Stati Uniti
Chiamato anche grammofono, il fonografo poteva registrare e riprodurre musica.

XV sec.

Pietra del calendario azteco
Messico
Questa grande pietra mostra i dettagli dei mesi e delle epoche storiche.

600-900 d.C. circa
Animali giocattolo
Veracruz (Messico)
Il popolo messicano dei Totonachi realizzava piccole figure di animali in ceramica. Erano giocattoli per i loro bambini.

1150 ca. d.C.

150 ca. a.C.

Vetreria romana
Reims (Francia)
Pratici oggetti in vetro erano prodotti in molte parti dell'impero romano. Queste brocche e i vasi vengono dall'antica Gallia.

1850 ca. d.C.

Abiti vittoriani
Regno Unito
Cappellino, scialle, gonna in tela di cotone, giacca e stivaletti erano l'abbigliamento tipico della classe operaia in epoca vittoriana.

V-VI sec.

RIVIVERE IL PASSATO

Le rievocazioni storiche si organizzano per mostrare alle persone com'era il passato, facendole sentire come fossero tornate indietro. Musei e castelli ricostruiscono spesso scene storiche o spettacoli teatrali con anche attori e attrici. Così, per un giorno, i bambini delle scuole possono vestirsi come i Romani, per conoscere più da vicino la vita nell'antica Roma.

Anni '50

Televisione
Stati Uniti
Il Predicta della Philco è un modello tipico dei primi anni della televisione.

50 a.C.- 50 d.C.

Specchio in bronzo
Desborough (Inghilterra)
Questo elegante specchio decorato nello stile artistico dei Celti risale all'età del ferro in Gran Bretagna.

VESTIRSI

Molti studenti hanno la possibilità di travestirsi quando vanno a visitare un museo o un edificio storico. Per un giorno possono sentirsi come dei vittoriani, o come una famiglia normanna in un castello medievale.

395-632 d.C.

Gomitoli di lana, ferri da maglia, rocchetto e fuso
Civiltà copta, Egitto
Gli Egizi facevano calze di lana a maglia. Per indossarle con sandali infradito, la parte dell'alluce era divisa da quella delle altre dita.

Il mondo dei MORTI

I riti funebri si svolgono da decine di migliaia di anni, ma il modo di trattare i morti è cambiato molto a seconda dell'epoca o delle diverse culture e religioni. Un defunto poteva essere sepolto, cremato, esposto, o conservato come mummia.

Il puzzle della "signora rossa"

Nel 1823 William Buckland (1784-1856) scoprì in una grotta a Paviland, in Galles (Regno Unito), uno scheletro umano dipinto con dell'ocra rossa e circondato da monili. Si pensò subito alla sepoltura di una donna romana. Ora, invece, sappiamo che si trattava di un giovane uomo, forse il capo di una banda di cacciatori, vissuto poco più di 29.000 anni fa.

▲ Lo scheletro di Paviland è una delle più antiche sepolture rituali conosciute in Europa occidentale.

◀ Una lampada a olio in bronzo dorato, che aveva la forma di una dama di corte inginocchiata, risale al II secolo a.C. e fu rinvenuta nella tomba della principessa Dou Wan.

▼ La veste di Dou Wan era composta da 2156 tessere di giada.

L'eterna principessa

In Cina, a volte, principi e principesse venivano sepolti con indosso splendidi abiti con dei pezzi di giada quadrati cuciti con del filo d'oro. Questa pietra preziosa liscia e dura si credeva avesse poteri magici tali da rendere immortale chi la indossava, preservandone anche il corpo. Liu Sheng e sua moglie, Dou Wan, furono sepolti attorno al 113 a.C. La tomba conteneva più di 3000 oggetti preziosi.

I ladri di tombe di Tebe

Il problema di riempire le tombe dei morti con favolose ricchezze è che attirano i ladri. Per evitare ciò, gli Egizi iniziarono a seppellire i loro faraoni in una necropoli segreta (dal greco *nekros*, morto e *polis*, città) tra le scogliere vicino alla città di Tebe (l'odierna Luxor). Sebbene la cosiddetta Valle dei Re venisse sorvegliata giorno e notte, i ladri riuscivano comunque a introdursi nelle camere sepolcrali e a rubare l'oro.

▲ I ladri di tombe rischiavano la vita cercando di rubare il tesoro dei faraoni.

◀ Questa statua di un ariete proveniente da Ur è interamente realizzata in oro, argento, conchiglie e in una pietra blu chiamata lapislazzuli.

Il funerale di un vichingo

I vichinghi erano un popolo marinaro, quindi non sorprende il fatto che molti scegliessero di passare in mare i loro ultimi giorni. I corpi dei capi vichinghi venivano bruciati nelle loro navi, oppure sepolti sotto pietre tombali che avevano la forma di una nave. Questa superba imbarcazione è stata trovata sotto un tumulo di terra a Oseberg, in Norvegia. Conteneva i corpi di due donne morte nell'834 d.C. Uno potrebbe essere stato quello di una regina.

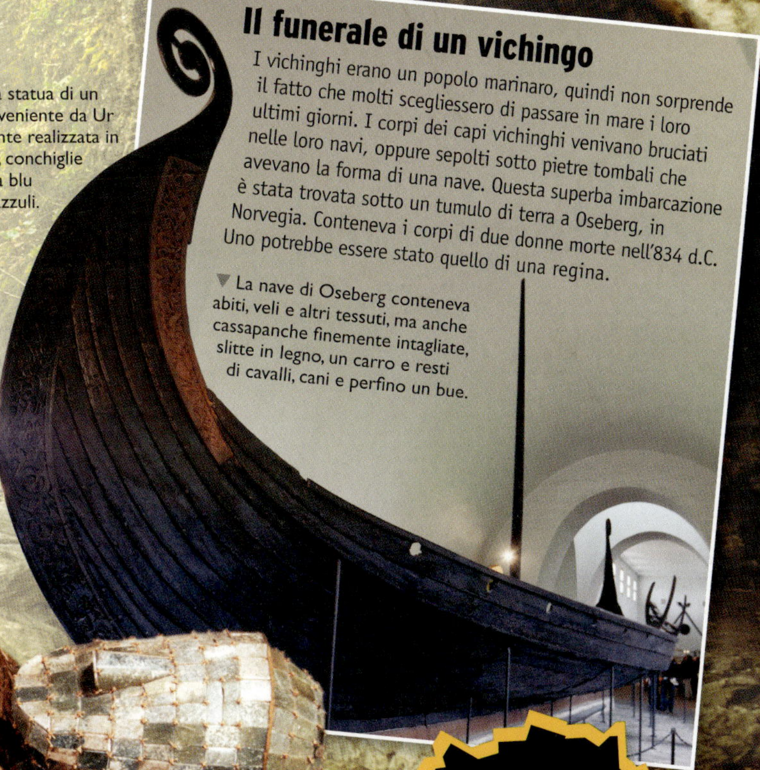

▼ La nave di Oseberg conteneva abiti, veli e altri tessuti, ma anche cassapanche finemente intagliate, slitte in legno, un carro e resti di cavalli, cani e perfino un bue.

Il cimitero reale di Ur

Ur era una città in Mesopotamia (odierno Iraq). Durante degli scavi negli anni Venti vennero alla luce 16 tombe reali di un'epoca tra il 2600 e il 2500 a.C. Erano ricche di tesori, tra cui corone d'oro, tavole da gioco, una lira e raffinati gioielli.

LE TOMBE DI UR INCLUDEVANO ANCHE DELLE FOSSE PER I MOLTI SERVITORI CHE VENIVANO SACRIFICATI PER ACCOMPAGNARE RE E REGINE DEFUNTE NEL MONDO DELL'ALDILÀ.

Spoglie IMMORTALI

Alcuni corpi si preservano naturalmente dopo la morte per le condizioni del luogo in cui sono sepolti. Altri si preservano intenzionalmente per motivi religiosi: alcune culture credevano infatti che un defunto avrebbe potuto compiere sano e salvo il proprio viaggio nell'aldilà solo con un corpo perfettamente conservato. Gli Egizi affinarono le tecniche di mummificazione, arrivando a farne quasi un'arte.

▼ Questa mummia proveniente da Saqqara fu scoperta 2600 anni dopo.

Per sempre nei deserti

Un corpo defunto sepolto nella sabbia del deserto essicca naturalmente. Forse è così che gli Egizi appresero le basi della mummificazione, che svilupparono poi in tecniche sempre più elaborate per preservare in modo artificiale i cadaveri, servendosi di sostanze come il natron, l'olio di cedro, resina e bende.

NEL MEDIOEVO LE MUMMIE DI TOMBE SACCHEGGIATE VENIVANO POLVERIZZATE E USATE PER PREPARARE POZIONI MAGICHE E UNGUENTI.

Addio, Artemidoro

Quando l'Egitto passò sotto il dominio greco e poi sotto quello romano, i cadaveri continuarono a essere mummificati e sepolti in splendidi sarcofagi di legno che avevano la forma di un corpo umano. Erano dotati di pannelli lignei con ritratti molto realistici per mantenere vivo il ricordo del defunto.

◄ Questa tavola lignea trovata a Hawāra ricopriva il volto di un giovane mummificato, morto 1900 anni fa circa, il cui nome era Artemidoro.

Le torri dei morti

Mummificare i defunti era abitudine diffusa nei deserti e nelle montagne del Cile e del Perù tra il 5000 a.C. e il 1400 d.C. Negli altopiani dell'alta cordigliera delle Ande, le mummie venivano adagiate in torri di pietra chiamate *chullpas* contornate da cibo, bevande, coltelli, pentole e specchi. Nell'America del Sud, le mummie dei bambini a volte erano sistemate in urne di ceramica che venivano seppellite sotto il pavimento della casa di famiglia. Gli amorevoli genitori desideravano infatti essere vicini ai figli, così da potersi occupare del loro spirito.

◀ Questo bambino fu mummificato nel periodo della fioritura della civiltà Nazca (100-800 d.C. circa) dell'antico Perù.

GLI EGIZI MUMMIFICAVANO PERFINO BABBUINI E COCCODRILLI!

LE MUMMIE DI PALUDE

I corpi meglio conservati sono stati trovati in zone umide e torbose. Nelle paludi dell'Europa settentrionale, le condizioni fredde e acide del terreno e la mancanza di ossigeno hanno preservato pelle e organi. I corpi risalgono tra l'8000 a.C. circa e il periodo altomedievale, ma la maggior parte si colloca tra il V e il I secolo a.C. Gli storici ritengono che potrebbero essere stati uccisi in modo violento per compiere dei sacrifici per gli dei.

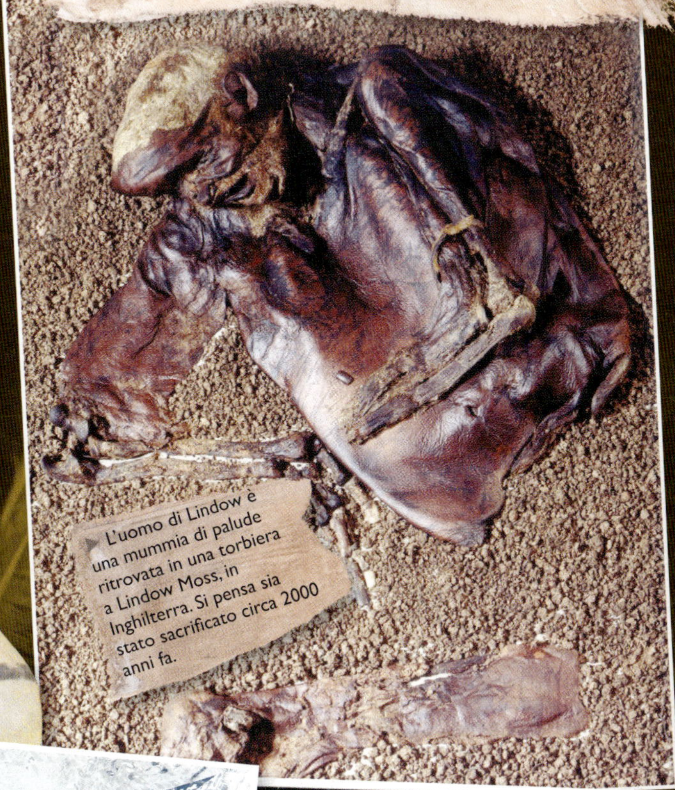

◀ L'uomo di Lindow è una mummia di palude ritrovata in una torbiera a Lindow Moss, in Inghilterra. Si pensa sia stato sacrificato circa 2000 anni fa.

Congelato

Il ghiaccio ha conservato alcuni cadaveri nel terreno perennemente gelido della Siberia e nei ghiacciai delle Alpi europee, proprio come fossero stati tenuti in un congelatore. Nel 1991 il corpo di un cacciatore dell'età del rame fu trovato al confine tra Italia e Austria. Si era preservato in un ghiacciaio e gli venne dato il soprannome di Ötzi, l'uomo venuto dal ghiaccio.

◀ L'uomo venuto dal ghiaccio è la più antica mummia integra che sia mai stata trovata. Si è conservata talmente bene che perfino i suoi occhi sono ancora visibili.

Carta di identità

11

Nome: Ötzi

Dada di nascita: 3300 a.C. circa

Luogo di residenza: Alpi, Europa

Età al momento della morte: 45 anni circa

Altezza: (1,65 m)

Peso: (50 kg)

Segni particolari: Tatuaggi

Abbigliamento: Berretto di pelle d'orso, mantello, cappotto di pelle, cintura, gambali e scarpe

Proprietà: Coltello in selce, arco e frecce, ascia di rame

SCIENZA & storia

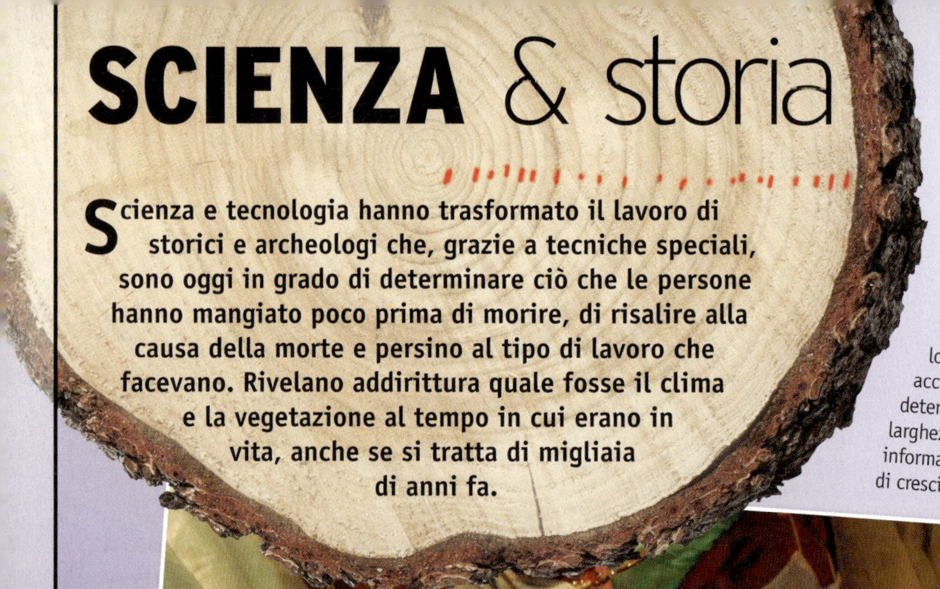

Scienza e tecnologia hanno trasformato il lavoro di storici e archeologi che, grazie a tecniche speciali, sono oggi in grado di determinare ciò che le persone hanno mangiato poco prima di morire, di risalire alla causa della morte e persino al tipo di lavoro che facevano. Rivelano addirittura quale fosse il clima e la vegetazione al tempo in cui erano in vita, anche se si tratta di migliaia di anni fa.

◀ Mentre cresce, un albero sviluppa all'interno del tronco alcuni strati di cellule vegetali, gli anelli, che possono fornire indizi sui climi passati.

È scritto nel tro

Dendrocronologia è il termine scientifico per contare la cresc annuale degli anelli nel legno. loro numero offre uno strumento accurato con cui è possibile determinare l'età di una pianta. La larghezza degli anelli fornisce invece informazioni sul clima e sulle condizio di crescita.

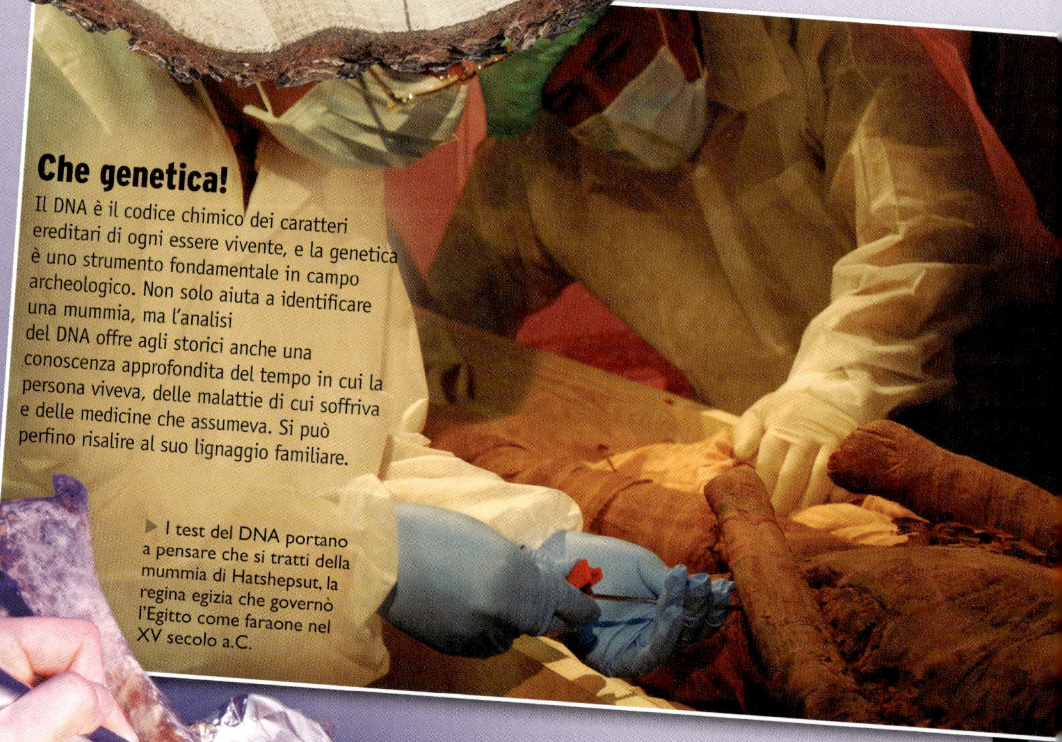

Che genetica!

Il DNA è il codice chimico dei caratteri ereditari di ogni essere vivente, e la genetica è uno strumento fondamentale in campo archeologico. Non solo aiuta a identificare una mummia, ma l'analisi del DNA offre agli storici anche una conoscenza approfondita del tempo in cui la persona viveva, delle malattie di cui soffriva e delle medicine che assumeva. Si può perfino risalire al suo lignaggio familiare.

▶ I test del DNA portano a pensare che si tratti della mummia di Hatshepsut, la regina egizia che governò l'Egitto come faraone nel XV secolo a.C.

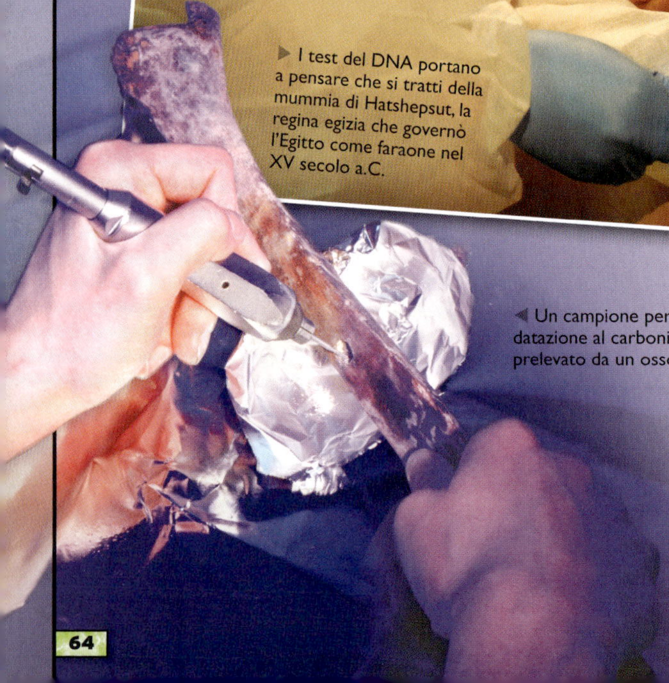

◀ Un campione per la datazione al carbonio-14 viene prelevato da un osso di renna.

Materiale radioattivo

Le sostanze che si decompongono naturalmente emettono radiazioni, motivo per cui vengono definite "radioattive". Resti organici come legno, grano, tessuti o ossa contengono sia atomi di carbonio-14, radioattivi, sia atomi di carbonio-12, stabili, che possono essere messi a confronto. Più è vecchio un oggetto, minore sarà la sua radioattività.

Un trionfo microscopico

Per studiare tre minuscoli granelli di polline trovati nello stomaco della mummia di Ötzi, l'uomo venuto dal ghiaccio, ci si è serviti di un microscopio elettronico che ha fornito agli archeologi parecchi dettagli su dove e quando sia morto, sul clima, sulla stagione e sulla vegetazione locale. Grazie ai microscopi elettronici si sono identificate persino delle particelle di cibo nel suo intestino.

▶ L'ultima cosa che Ötzi mangiò fu del grano, probabilmente sotto forma di pane.

Chiama il dentista

I denti sono la parte più dura e resistente di un corpo umano. Sopravvivono spesso a lungo, anche dopo che le ossa si sono decomposte. Studiando un solo dente e la sua usura, è possibile farsi un'idea approfondita dello stile di vita di una persona. Età, dieta, tipo di alimentazione, salute generale, livelli di stress e di igiene, eventuale fame patita e linee di discendenza. Quante informazioni!

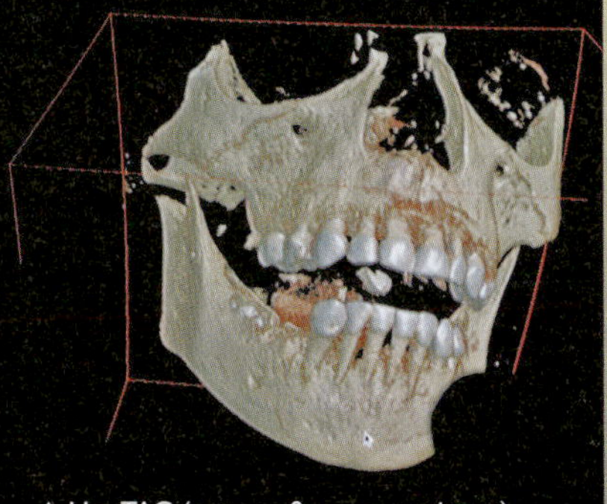

▲ Una TAC (tomografia computerizzata) viene utilizzata per creare modelli digitali della mascella e dei denti di un bambino a partire dalla sua mummia, che ha 2000 anni.

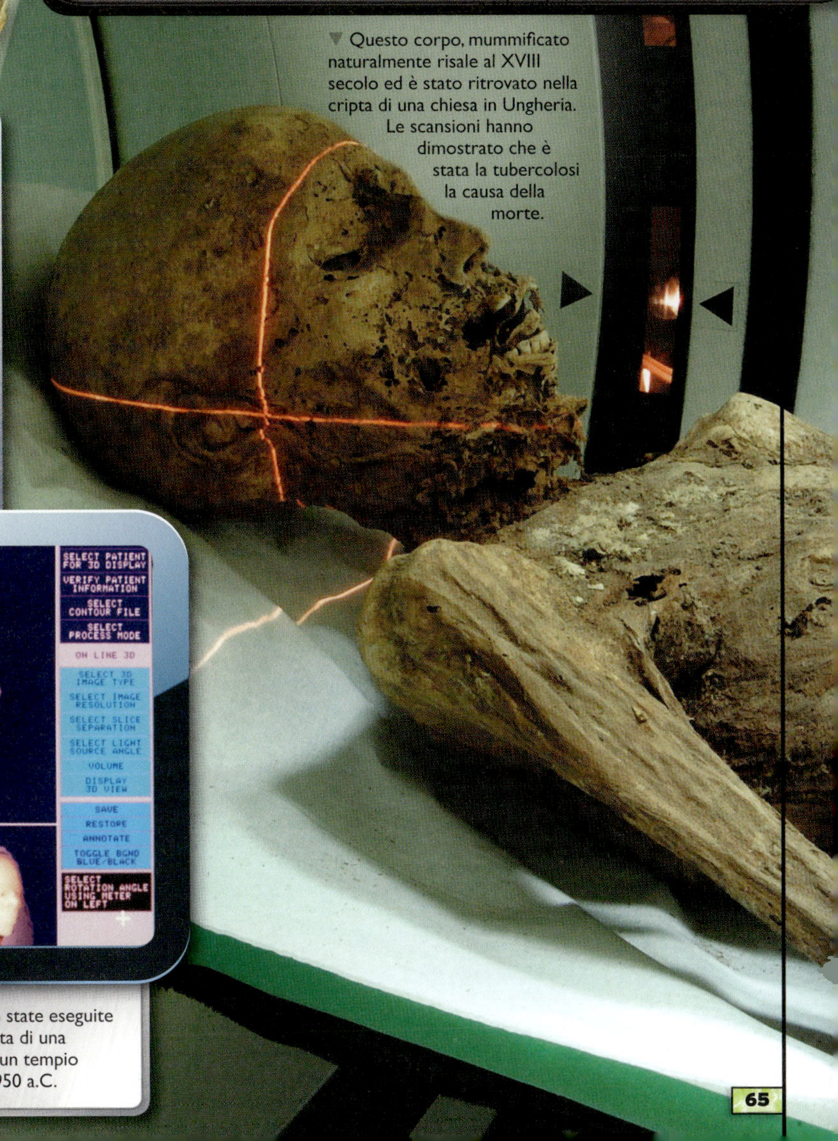

▼ Questo corpo, mummificato naturalmente risale al XVIII secolo ed è stato ritrovato nella cripta di una chiesa in Ungheria. Le scansioni hanno dimostrato che è stata la tubercolosi la causa della morte.

Scansioni e raggi X

Negli ospedali, i pazienti vengono esaminati con i raggi X e una varietà di diverse tecnologie di scansione. Questi strumenti sono ideali per analizzare mummie e altri fragili resti. Anche rimuovere il delicato bendaggio di una mummia può essere pericoloso, mentre una radiografia è in grado di vedere direttamente passando attraverso ossa o cranio, senza provocare alcun danno.

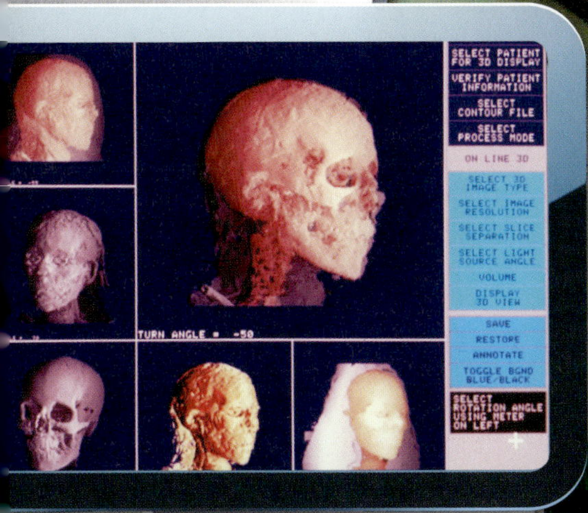

▲ Queste scansioni sono state eseguite a sarcofago chiuso. Si tratta di una sacerdotessa cantante di un tempio egizio vissuta attorno al 950 a.C.

Tesori nascosti

Tra i tesori riportati alla luce vi sono spesso favolose ricchezze, oggetti preziosi e bellissimi, che nascondono però a volte storie di avidità e rapina. Alcune scoperte sono fonte di informazioni interessanti relative alle civiltà del passato, sul funzionamento delle cose e su quanto fosse ritenuto importante dai vari popoli.

Tesori nascosti

I tesori venivano spesso nascosti in posti segreti, magari da gente che contrabbandava bottini rubati, nascondeva le sue ricchezze da eserciti invasori, o desiderava depositare il proprio denaro in un luogo sicuro. Ma a volte i proprietari venivano uccisi o costretti a fuggire prima di poter tornare in possesso dei propri beni, e quindi quei rifugi sono rimasti segreti per secoli.

▲ Tesoro vichingo risalente all'860 d.C. circa ritrovato a Hon (Norvegia).

▲ I crociati imbarcarono i cavalli di bronzo e li spedirono a Venezia, dove sono diventati una delle più importanti attrazioni della città.

Il saccheggio di una città

Nel 1204, un esercito di crociati veneziani e francesi diretto in Medio Oriente sottopose la città cristiana di Costantinopoli (l'odierna Istanbul) a un assedio brutale, saccheggiando chiese e palazzi, razziando argento, oro, pietre preziose, perle, tessuti di seta e reliquie sacre. Fu portata via una fortuna immensa, comprese le magnifiche statue di cavalli che ornavano l'ippodromo cittadino.

Dalle tombe dei signori

Molti dei tesori più incredibili di tutto il mondo sono stati ritrovati in tombe e sepolcri reali o di nobili di alto rango. I corredi funerari erano considerati importanti, forse si pensava che i defunti potessero portarli nell'aldilà, oppure erano oggetti usati per riti religiosi, o distintivi del rango del defunto.

◀ Il moche, l'antico signore di Sipán, che visse in Perù circa 1800 anni fa, fu sepolto in una piramide con ori, argenti e 400 monili.

Regalie

A re, regine e imperatori è sempre piaciuto mostrare il loro rango ed esibire la loro ricchezza. Nel Sacro Romano Impero, indossavano o si portavano dietro i gioielli della corona, le regalie. Spesso d'oro o impreziositi da gioielli, comprendevano corone, tiare, diademi, collane, spade, anelli, guanti o sfere, scettri (bastoni ornamentali) e mantelli bordati d'ermellino. Gli storici gioielli della corona, o le loro copie, vengono spesso mostrati al pubblico.

◀ Il tesoro di Guarrazar comprendeva corone, zaffiri e perle. Fu donato alla Chiesa nel 600 d.C. dai sovrani germanici che governavano in Spagna.

Regali agli dei

Gli uomini hanno sempre fatto delle offerte ai loro dei o spiriti, sotto forma di incenso, sacrifici o cibo. Tra le offerte "votive" potevano esserci anche armi eccellenti o splendidi gioielli, gettati in sorgenti considerate sacre o lasciati in santuari. I sovrani medievali cercarono di ottenere il favore divino donando ricchi tesori a chiese e monasteri.

▲ Corona, sfera e scettro di proprietà, un tempo, dei reali polacchi.

CIRCA 3000 DEI PIÙ ANTICHI OGGETTI D'ORO SONO STATI TROVATI A
RNA. CITTÀ BULGARA. SI POSSONO DATARE TRA IL 4700 E IL 4200 A.C.

Ritorno al CAMPO DI BATTAGLIA

Cimeli di guerra, testimoni oculari e documenti storici aiutano gli archeologi a ricostruire un ritratto veritiero degli eventi e dei luoghi delle guerre. Grazie alle ricerche di questi studiosi riemergono storie dimenticate, e diventa possibile anche correggere informazioni imprecise o integrare archivi storici con materiali significativi.

Durante la prima guerra mondiale, la città belga di Ypres fu distrutta nel corso di ripetute battaglie.

MAPPARE UN CONFLITTO

Le mappe degli eserciti aiutano storici e archeologi a individuare i luoghi delle battaglie, delle gallerie, dei forti e delle trincee. Così, sulla base delle loro scoperte, oggi è possibile realizzare mappe aggiornate.

Fotografie sbiadite

Tornare indietro, al tempo della prima guerra mondiale (1914-1918), è abbastanza facile grazie alla diffusione in quel periodo della fotografia, che ci permette perfino di vedere le espressioni sui volti dei giovani uomini che marciavano verso la linea del fronte, vivevano nel fango delle trincee e se ne andavano in battaglia: la storia come realmente accadde.

Albert "Smiler" Marshall (a cavallo), reduce dalla Grande Guerra, visse fino al 2005.

Lettere e diari

Le voci autentiche dei soldati della prima guerra mondiale sono sopravvissute nelle pagine dei loro diari e nelle lettere che mandavano a casa dal fronte, anche quelle censurate dalle autorità militari per ragioni di sicurezza.

Scavando nella storia

Entrambi gli schieramenti che combatterono nella prima guerra mondiale, gli Alleati e gli Imperi Centrali, costruirono lunghe trincee, dal Mare del Nord fino alla Svizzera, per proteggere le loro truppe. Gli archeologi nel dipartimento francese della Somme hanno iniziato a scavare nel luogo in cui si sono svolte le battaglie nel 1916 per ritrovare l'esatta posizione delle trincee. I reperti archeologici includono scheletri, bottoni e distintivi delle uniformi, elmi, resti di armi, pallottole e granate.

▲ Ancora oggi si continuano a trovare resti di soldati caduti durante le terribili battaglie del 1916.

▶ *Lo scrittore inglese Michael Morpurgo visita il museo In Flanders Fields di Ypres.*

I MUSEI RACCONTANO LA STORIA

I conflitti bellici sono esperienze orribili e disorientanti per molti soldati, e durante lo svolgimento della prima guerra mondiale non potevano certo avere un quadro generale. Oggi gli storici sono in grado di ricostruire tattiche e strategie dei generali e la vita quotidiana delle truppe visitando musei e campi di battaglia.

Ricordare i soldati

Cimiteri e monumenti si trovano un po' ovunque tra i campi di battaglia della prima guerra mondiale, e la grandiosità di questi luoghi di sepoltura ci devono far riflettere. I discendenti dei soldati morti vanno ancora i visita alle loro tombe, che forniscono utili informazioni a chi è interessato alla storia della guerra.

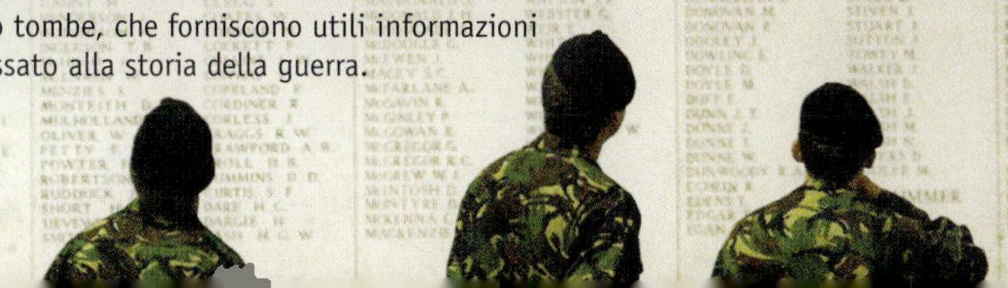

▲ I nomi di oltre 54.000 soldati dispersi si leggono sul Menin Gate Memorial a Ypres.

RICCHEZZE abissali

Al di sotto delle acque si nasconde un altro mondo. Tra banchi di sabbia e barriere coralline, gli archeologi marini vanno in cerca dei resti di antichi relitti, di vittime di tempeste o di battaglie navali avvenute molto tempo fa. Sono preziose capsule del tempo, anche se difficili da raggiungere, in mari profondi e a volte insidiosi.

Titanic!

La parola "*Titanic*" significa gigantesco, ed era proprio questo il nome dato a un transatlantico all'avanguardia, una nave di lusso varata un secolo fa. Nel 1912, nel suo viaggio inaugurale, la nave entrò in collisione con un iceberg e si inabissò. Oltre 1500 persone persero la vita nel più famoso naufragio di tutti i tempi. Nel 1985 i resti del *Titanic* furono ritrovati a una profondità di quasi 4 km, con all'interno oltre 6000 oggetti, tra cui bottiglie, piatti, scarpe e anche la sirena della nave.

▲ La telecamera di un sommergibile inquadra il parapetto del *Titanic*.

Carico classico

Gli antichi Greci erano navigatori e coloni straordinari, che sin dal IX secolo a.C. commerciavano per tutto il Mar Mediterraneo e il Mar Nero. I relitti riemersi ci fanno capire molto delle loro tecniche di costruzione di navi e di navigazione, mentre i carichi recuperati raccontano dei flussi commerciali ed economici, e perfino dell'arte dei Greci. Le scoperte includono pure anfore, i grandi vasi di ceramica usati per conservare vino e olio.

◄ Questo è il primo computer meccanico del mondo conosciuto. Risale al 100 a.C. circa. È stato scoperto in un relitto greco.

▼ La *Mary Rose* sollevata dal fondo del mare con una grande gru posta su un pontone galleggiante e riposta in una culla sagomata.

La nave da guerra perduta

Nel 1545, la nave da guerra *Mary Rose* era l'orgoglio della marina inglese e di re Enrico VIII. Era una delle prime navi da guerra inglesi a trasportare cannoni d'assedio, ed era dotata di portelli, innovative aperture sul fianco da cui si poteva sparare. Navigando in mare aperto per andare a incontrare la flotta francese, la *Mary Rose* si allagò attraverso i portelli aperti e affondò. Gran parte del legno del relitto, ritrovato nel 1971, si era conservato sott'acqua.

Galeoni del tesoro

Dopo che i soldati spagnoli avevano invaso l'America Centrale e del Sud nel XVI secolo, spedirono in Spagna i tesori saccheggiati, una vera e propria fortuna. Tra il 1566 e il 1789 organizzarono convogli di grandi velieri, i galeoni, che dovevano partire dal Mar dei Caraibi e attraversare l'Atlantico. Queste flotte cariche di tesoro venivano spesso attaccate dai pirati o affondate dagli uragani. La *Nuestra Señora de Atocha* faceva parte di una flotta che andò distrutta sulle barriere coralline al largo della Florida (Stati Uniti), nel 1622. La nave e il suo prezioso carico di monete e cannoni, furono ritrovati nel 1985 da cacciatori di tesori americani.

▶ L'anello e la moneta spagnola furono recuperati dal relitto di una nave pirata, la *Whydah*, che affondò al largo di Cape Cod (America del Nord), nel 1717.

NEL 1967, I SUB TROVARONO UNA CITTÀ GRECA SOMMERSA DA 3000 ANNI. I RESTI DI PAVLOPETRI VENGONO DATATI TRA IL 2800 E IL 1200 A.C.

Scoperte AEREE

Dall'alto, gli archeologi sono riusciti a individuare alcuni dei siti storici più incredibili! Dal cielo o dallo Spazio si riescono infatti a visualizzare bene antiche tracce di campi, insediamenti, costruzioni. Le panoramiche aeree, molto più che da terra, offrono vedute complessive di un sito storico all'interno del suo paesaggio, rivelandone il tracciato e le caratteristiche generali.

▼ Un aereo ultraleggero vola sopra il Wiltshire (Inghilterra,) famoso in tutto il mondo per i suoi monumenti preistorici.

Nel Medioevo, Il villaggio di Avebury fu costruito su buona parte del cosiddetto henge, una struttura architettonica preistorica.

Alti sopra Avebury

Da terra, il sito di Avebury, nel Wiltshire (Regno Unito), è impressionante. Dal cielo, invece, si riesce ad avere un quadro generale. Alcuni terrapieni formano un grande anello, al cui interno si ergono tre cerchi di pietre. Questa struttura architettonica preistorica, chiamata henge, fu eretta tra il 2850 e il 2200 a.C., nel Neolitico. Gli archeologi credono che fosse usata originariamente per cerimonie o rituali.

Stonehenge rivelata

Dall'alto si vede molto chiaramente la piana su cui sorge Stonehenge. La posizione delle grandi pietre e i lavori di sterro esterni sono esaltati da giochi di luci e ombre. Il sito fa parte di un paesaggio sacro e cerimoniale molto più ampio.

◀ La prima suggestiva panoramica di Stonehenge a 4900 anni dalla sua costruzione.

ALCUNI DEI DISEGNI DI NAZCA SONO ENORMI, CON UN DIAMETRO DI 200 M!

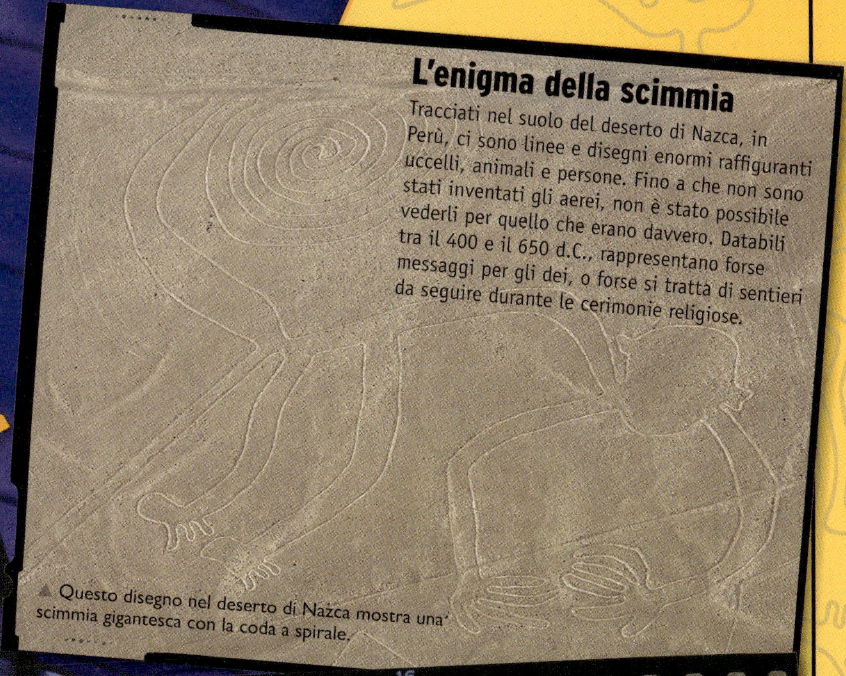

L'enigma della scimmia

Tracciati nel suolo del deserto di Nazca, in Perù, ci sono linee e disegni enormi raffiguranti uccelli, animali e persone. Fino a che non sono stati inventati gli aerei, non è stato possibile vederli per quello che erano davvero. Databili tra il 400 e il 650 d.C., rappresentano forse messaggi per gli dei, o forse si tratta di sentieri da seguire durante le cerimonie religiose.

▲ Questo disegno nel deserto di Nazca mostra una scimmia gigantesca con la coda a spirale.

▶ Trovato in Ohio (Stati Uniti), i primi rilievi del Great Serpent Mound, il Grande Tumulo del Serpente, risalgono al XIX secolo.

Serpeggianti lungo il paesaggio

Il Great Serpent Mound è il più grande cumulo a forma, o effigie, di animali del mondo. Lungo 411 m e alto 1 m, si ritiene sia stato costruito dai nativi americani nel 1070 d.C. Dopo alcuni scavi del sito, i ricercatori si sono convinti che non si trattasse, come si riteneva inizialmente, di un luogo di sepoltura.

Ricostruire la STORIA

Non è difficile che la storia vada distrutta o perduta. Il legno marcisce, la pietra o i mattoni si sbriciolano, i costumi si deteriorano, i documenti scritti si strappano e i metalli preziosi vengono spesso rubati e fusi. Salvare e recuperare le testimonianze della storia, conservandole, restaurandole o ricostruendole, è davvero molto importante.

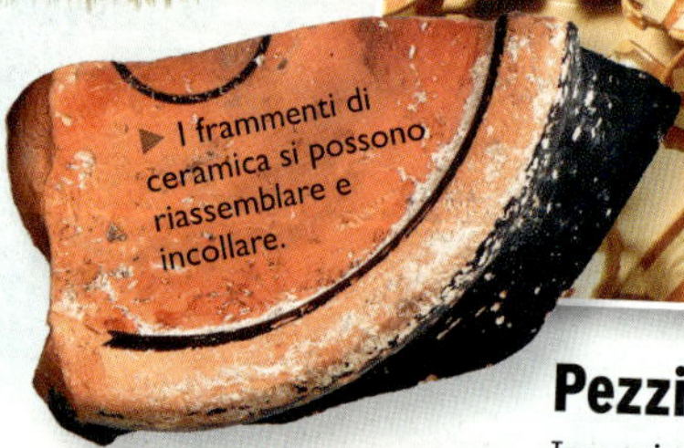

▶ I frammenti di ceramica si possono riassemblare e incollare.

Pezzi di puzzle

Immagina un vaso andato in mille pezzi o un antico rotolo di cui rimane solo qualche brandello. Spesso ciò che resta di un elmo, di uno scudo o di una ciotola non sono altro che miseri lacerti bronzei. Gli esperti trascorrono molte ore a mettere insieme i frammenti del puzzle, ma è facile che manchino dei pezzi. A volte non si riesce a capire di che oggetto si tratta fino a che il puzzle non è completo.

▼ Un dipinto di Guido Reni (1575-1642) mentre viene restaurato facendo molta attenzione ai dettagli.

Tela e dipinto

Restaurare dipinti preziosi richiede una cura meticolosa. La rimozione di secoli di sporco o di verniciature rovinate può riportare alla luce i colo originari, spesso di grande freschezza, e a volte si rimette addirittura in discussione il nome dell'autore. Con i raggi X si riescono a vedere le correzioni dell'artista durante il lavorc o qualche cambiamento fatto da altra mano in un momento successivo. L'utilizzo di pigmenti e il restauro dell tela devono essere eseguiti secondo i metodi originali.

PRIMA

BOMBE DISTRUTTIVE

Nel 1945, mentre la seconda guerra mondiale (1939-1945) volgeva al termine, la storica città di Dresda, in Germania, fu letteralmente rasa al suolo dai bombardamenti alleati e dal violento incendio che ne seguì. Nel 1951 si diede inizio alla ricostruzione e ai restauri che durarono parecchi decenni. La Frauenkirche, la grande chiesa con la sua caratteristica cupola, fu ricostruita secondo il modello originario.

▼ La Frauenkirche in rovina dopo il 1945.

DOPO

▼ La ricostruzione fu completata tra il 2004 e il 2005.

PRIMA

▼ Il tempio e le statue vengono tagliati in blocchi di pietra, alcuni del peso di anche 30 tonnellate.

DOPO

► I templi sono ora al sicuro nella loro nuova posizione. L'impresa è stata eseguita da ingegneri e archeologi che lavorano per l'UNESCO (Organizzazione delle Nazioni Unite per l'Educazione, la Scienza e la Cultura).

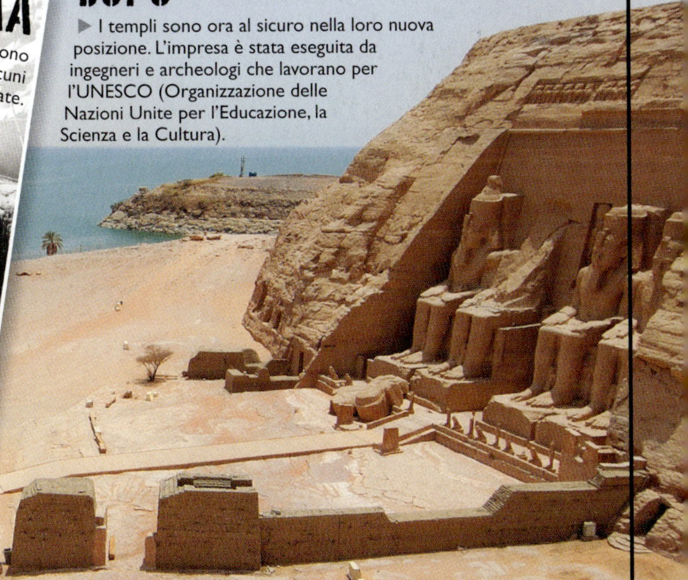

La storia di Abu Simbel

Completato nel 1224 a.C., il complesso costituito da due grandi templi dominava la valle del Nilo, nell'Egitto meridionale. I suoi templi gemelli erano dedicati al faraone Ramesse II e a sua moglie, Nefertari. Negli anni Cinquanta fu progettata una nuova diga ad Assuan, ma senza un intervento urgente, il sito di Abu Simbel sarebbe stato presto sommerso dall'innalzamento delle acque del Nilo. Tra il 1963 e il 1968 l'intero complesso fu smontato, blocco per blocco, e ricostruito in un luogo più alto e protetto.

I TEMPLI DEL TEMPO

Non tutti possiamo visitare città perdute o andare a caccia di antichi tesori. Quello che possiamo fare, però, è recarci a vedere i siti storici dalle nostre parti, o musei e gallerie che fungono da centri didattici, di ricerca e conservazione, e stimolano riflessioni e dibattiti. Curatori e archivisti ricostruiscono gli scenari del passato con oggetti reali ed espongono reperti interessanti usati per davvero da persone vissute centinaia o anche migliaia di anni fa.

▲ Arazzi pregiati a Parigi, al Musée National du Moyen Âge.

Tesori da tutto il mondo

Tra i musei più famosi del mondo si possono citare i Musei Vaticani a Roma, il Louvre a Parigi (Francia), il Metropolitan Museum of Art a New York (Stati Uniti), il British Museum a Londra (Regno Unito) e i musei Smithsonian a Washington (Stati Uniti). Esposizioni ricche di reperti storici attirano visitatori interessati da tutto il mondo, che ne rimangono colpiti. Ci sono però accese discussioni a livello internazionale sul fatto che alcuni ritengono che i tesori debbano essere restituiti alla loro patria di origine.

▶ L'aeroplano americano *Spirit of St. Louis* (1927) batté il record della prima trasvolata atlantica senza scalo. Ora è a Washington, al National Air and Space Museum.

Ispirazione alla moda

Gli stilisti si lasciano spesso ispirare dalle varie mode avvicendatesi in passato. Molti musei di tutto il mondo esibiscono abiti storici sfarzosi, costumi di scena e gioielli preziosi.

▲ Uno degli abiti da ballo indossati dalla regina Vittoria nel 1851 è ora in mostra alla Queen's Gallery di Buckingham Palace, a Londra (Regno Unito).

Tutti al mare

Il cantiere navale reale medievale di Barcellona è il luogo di esposizione di uno splendido museo marittimo ricco di navi storiche, dalle galee interamente decorate a pescherecci. Come molti musei, va ben oltre ciò che si vede, soffermandosi anche su dettagli cartografici, di navigazione, storia politica, traffici commerciali ed economia delle varie epoche.

▼ Un modellino della galea reale di don Giovanni d'Austria del 1568.

Pali totemici

L'obiettivo dei musei di antropologia è illustrarci le società umane e le culture del passato. Questo palo totemico realizzato dal popolo Haida proviene dalla collezione dell'Università della Columbia Britannica (Canada). Nel XIX secolo queste alte sculture in legno erano simboli di potere, prestigio e di gruppi familiari.

◄ Le sculture etniche di un tempo ispirano ancora oggi artisti e scultori moderni.

▲ L'antica via processionale di Babilonia (575 a.C. circa) è stata ricostruita nel Museo di Pergamo, a Berlino (Germania).

ricostruire LA STORIA

Spettacolari edifici, costruzioni gigantesche, possenti monumenti preistorici, lussuose residenze reali sono i grandi testimoni dell'avvicendarsi del nostro passato.

◀ Il Partenone sorge sull'acropoli di Atene, la più grande città dell'antica Grecia. All'interno del grandioso e scenografico tempio eretto tra il 447 e il 432 a.C. trovava posto la statua in oro e marmo di Atena, la dea protettrice della città, che raggiungeva i 15 m d'altezza.

MEGALITI grandiosi

Non solo antichi monumenti terrestri, ma anche pietre erette, i cosiddetti megaliti, si trovano sparsi un po' ovunque in Europa occidentale e alcuni di questi incredibili complessi risalgono anche a 5000 anni fa, all'età della pietra. I popoli che li eressero non avevano molti strumenti, eppure riuscirono a trasportare gli enormi massi per lunghe distanze. Non è ancora del tutto chiaro il motivo per cui siano stati realizzati, ma forse avevano un significato cerimoniale o religioso.

▼ I lavori di costruzione di Stonehenge iniziarono attorno al 2600 a.C. e durarono più di mille anni.

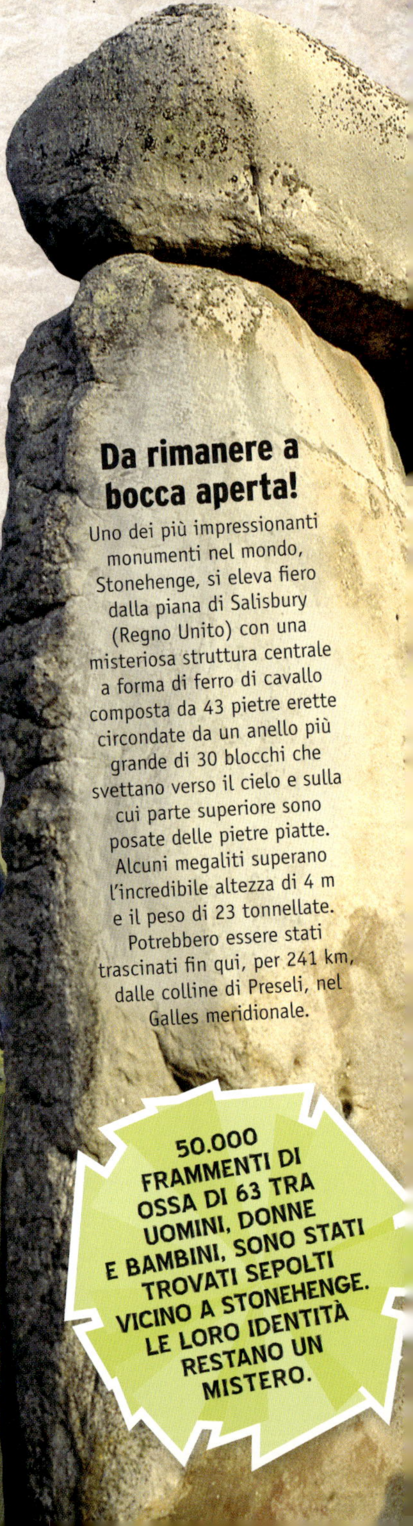

Da rimanere a bocca aperta!

Uno dei più impressionanti monumenti nel mondo, Stonehenge, si eleva fiero dalla piana di Salisbury (Regno Unito) con una misteriosa struttura centrale a forma di ferro di cavallo composta da 43 pietre erette circondate da un anello più grande di 30 blocchi che svettano verso il cielo e sulla cui parte superiore sono posate delle pietre piatte. Alcuni megaliti superano l'incredibile altezza di 4 m e il peso di 23 tonnellate. Potrebbero essere stati trascinati fin qui, per 241 km, dalle colline di Preseli, nel Galles meridionale.

Avvolto nel mistero

Ci sono molte teorie sul perché Stonehenge sia stato costruito. Potrebbe essere stato un tempio dedicato agli dei o un monumento ai morti. Potrebbe anche essere stato un simbolo di unità tra le tribù in guerra dell'Inghilterra, dato che la realizzazione avrebbe richiesto un numero enorme di persone di popoli diversi. Una delle ultime teorie è che si trattasse di un luogo di guarigione. Le pietre delle colline di Preseli provenivano da una sorgente naturale, quindi è possibile che la gente arrivasse a Stonehenge nella speranza di trovare qui una cura alle loro malattie.

▲ Stonehenge è stato a lungo un importante centro religioso. Nel corso della sua storia alcuni gruppi vi si radunavano, per esempio i Druidi, per festeggiare i solstizi o celebrare i cambi di stagione.

50.000 FRAMMENTI DI OSSA DI 63 TRA UOMINI, DONNE E BAMBINI, SONO STATI TROVATI SEPOLTI VICINO A STONEHENGE. LE LORO IDENTITÀ RESTANO UN MISTERO.

▶ È probabile che Newgrange, l'enorme tumulo funerario, avesse un importante significato religioso legato al solstizio d'inverno.

Antiche tombe a corridoio

Cinquecento anni più vecchio di Stonehenge e delle piramidi d'Egitto, Newgrange, in Irlanda, è il più antico capolavoro architettonico sopravvissuto al mondo. Questo enorme tumulo circolare fu costruito con strati di pietra e terra intorno al 3200 a.C. Alto 12 m e largo 76 m, ricopre un'area vastissima di 4500 m^2.

ALL'INTERNO DEL TUMULO

Nella parte sudorientale del tumulo, un passaggio lungo circa 20 m conduce a una camera sepolcrale a forma di croce. Il soffitto in pietra alto 6 m ha conservato all'asciutto questo luogo per oltre 5000 anni. Alle 8:58 del 21 dicembre, giorno del solstizio d'inverno, il più corto dell'anno, uno stretto fascio di luce solare illumina il basso passaggio e va a colpire una pietra su cui è incisa una tripla spirale.

▼ I disegni mostrano, in pianta e in alzato, come uno stretto fascio di luce solare filtri nel tumulo e illumini una volta l'anno la parete in fondo.

▼ Lo scozzese James Miln e il suo assistente francese, un ragazzo chiamato Zacharie Le Rouzic, iniziarono a contare le pietre in fila, chiamate allineamenti di Carnac, nel 1860.

Fila dopo fila

Gli allineamenti di Carnac (Francia), sono a dir poco sbalorditivi. Ci sono undici file di 1100 menhir – monoliti verticali alti anche 4 m – lunghe quasi 1200 m. Non molto distanti, si ergono altre dieci file di 1029 pietre, per un totale di 1300 m. E poi, lì vicino, ecco un terzo gruppo, più piccolo, di 555 pietre, oltre a diversi tumuli (funerari) e dolmen (tombe a sé stanti). Nel complesso, questo sito vanta oltre 3000 pietre, erette intorno al 3300 a.C. dai popoli locali durante l'età della pietra. Forse servivano per rilevare i terremoti, che erano comuni in questa zona.

Maestose PIRAMIDI

Eretta nel deserto egiziano a ovest del Cairo per custodire le spoglie del faraone dopo la sua morte, la Grande Piramide è stata per 3800 anni il più alto edificio del mondo mai costruito dall'uomo. Migliaia di lavoratori hanno sudato per 20 anni sotto il Sole cocente per completare questa struttura colossale.

Un simbolo di potere

La Grande Piramide è la più grande e antica delle tre piramidi di Giza, costruita per il faraone Cheope che governò l'Egitto tra il 2585 e il 2560 a.C e che voleva che la sua tomba fosse più grandiosa e impressionant di quella di qualsiasi altro faraone prima di lui. La piramide doveva essere alta 146 m, ma nel corso deg anni l'erosione l'ha abbassata di circa 7 m. Composta dall'impressionante numero di 2,3 milioni di blocchi di calcare, visto che per costruirla ci sono voluti vent'anni si stima che i lavoratori abbiano posato 12 blocchi all'ora, per un totale di 812 tonnellate di pietra al giorno.

Costruire la tomba

Migliaia di lavoratori hanno faticato duramente per realizzare la Grande Piramide, sotto la direzione di un architetto chiamato Hemiunu, il cui titolo professionale era "soprintendente dei lavori del re", che decise e organizzò il luogo e le modalità di lavoro del mastodontico progetto, dall'estrazione della pietra dalla cava, alla costruzione delle case dei lavoratori. Non sappiamo con precisione come gli operai sollevassero le pietre lungo i fianchi della piramide, ma è probabile che li trascinassero o li facessero rotolare su per una rampa con un sistema di corde, rulli e... tanta fatica!

▲ Ogni blocco usato per costruire la Grande Piramide pesava quanto due elefanti adulti e mezzo.

▼ Originariamente la Grande Piramide era rivestita di blocchi di calcare bianco lucido, che però nel corso del tempo sono stati rimossi per costruire moschee e altri edifici del Cairo.

UNA SCALA VERSO IL SOLE

Le piramidi erano associate a Ra, il dio del Sole, che di solito era raffigurato come un uomo con la testa di falco e il disco solare sul capo. Quando un faraone moriva, gli Egizi credevano che il Sole, potenziando i suoi raggi, avrebbe creato una scala celeste: l'anima del faraone avrebbe potuto salire così fino al cielo. La piramide rappresentava questa stessa scala sulla Terra.

▶La Grande Sfinge è lunga 73,5 m, larga 19 m e alta 20 m.

Un guardiano colossale

Seduta a guardia delle tre piramidi di Giza c'è la Grande Sfinge, scavata nella roccia solida, con il corpo di un leone e la testa, quasi certamente, del faraone Chefren, la cui piramide si trova accanto a quella di Cheope. Gli antichi Egizi consideravano i leoni dei custodi, quindi l'enorme scultura fu eretta probabilmente per sorvegliare le piramidi.

▲ Alta 62 m, la piramide a gradoni un tempo era circondata da cortili ed edifici cerimoniali.

Cambiamenti di stile

La prima piramide a essere costruita fu quella per il faraone Djoser. Completata nel 2611 a.C., consiste di sei mastabe (piattaforme) di dimensioni decrescenti che poggiano l'una sull'altra. Si credeva che i gradini fungessero da scala gigante, così il faraone poteva raggiungere il cielo. Le piramidi successive, come quelle di Giza, hanno invece i lati piatti. La maggior parte di queste tombe fu costruita per i faraoni durante i periodi della storia egizia noti come Antico e Medio Regno, tra il 2585 e il 1814 a.C.

CAPOLAVORI storici

Alcune città sono famose per alcuni edifici o strutture celebri che nel tempo hanno assunto un grande significato dal punto di vista storico, vere e proprie pietre miliari, che si tratti di grandi palazzi o di templi, di imponenti porte o di alte torri. Questi luoghi di interesse attirano i visitatori che arrivano a frotte, sbalorditi alla vista di tali capolavori di ingegneria e dalle loro vicende passate.

IL PARTENONE

Il Partenone, un antico tempio greco, si trova sull'Acropoli –una collina rocciosa – nel centro di Atene, la capitale della Grecia. È dedicato alla dea Atena e fu completato nel 438 a.C. Il tempio, che misura 69,5 x 31 m, è circondato da colonne di pietra e il tetto, ormai andato perduto, era leggermente inclinato. Nel corso del tempo ha avuto diverse funzioni, passando da tempio pagano a chiesa cristiana, a moschea musulmana.

L'ALHAMBRA

Situata su una collina boscosa nel sud della Spagna, l'Alhambra è senza dubbio uno dei palazzi più belli del mondo. Costruito originariamente come fortezza nell'889 d.C., fu convertito successivamente, nel 1333, in un sontuoso palazzo da Yusuf I, sultano musulmano di Granada. All'interno delle mura vi sono stanze e saloni splendidamente decorati, con giardini meravigliosi, fontane e piscine per mantenere fresco il palazzo durante l'estate.

ISOLA DI ALCATRAZ

Al largo della costa di San Francisco, in California (Stati Uniti), c'è la famigerata isola di Alcatraz. Ora meta turistica, un tempo era una prigione in cui erano rinchiusi alcuni dei più pericolosi criminali d'America. Le acque fredde e insidiose che separano l'isola dalla costa ne fanno un luogo separato dal resto del mondo e, cosa importante, anche difficile da cui evadere!

LA PORTA DI BRANDEBURGO

Eretta nel centro di Berlino, in Germania, la possente Porta di Brandeburgo fu inaugurata nel 1791. Questa costruzione alta 20 m, larga 65 m e profonda 11 m è incredibilmente sopravvissuta ai bombardamenti della seconda guerra mondiale (1939-1945). Dal 1961 faceva parte del muro di Berlino, che divideva la città nei settori orientale e occidentale. Il muro è caduto nel 1989 e oggi il monumento è considerato un simbolo della città riunita.

BIG BEN

La torre annessa al Palazzo di Westminster a Londra (Regno Unito), è conosciuta come Big Ben, che però non è il suo vero nome: in origine era la Torre dell'Orologio, poi ribattezzata Torre Elizabeth nel 2012. Big Ben è in realtà la grande campana all'interno della torre. Il motivo principale della sua fama, oltre ai rintocchi conosciuti in tutto il mondo, è che si tratta del più grande orologio a quattro quadranti che suona nel mondo.

TORRE EIFFEL

Nel 1889 a Parigi (Francia) ebbe luogo l'Esposizione Universale, una mostra internazionale. La Torre Eiffel, un alto arco di ferro, fu costruita per impressionare i numerosi visitatori della città, e questa grandiosa struttura rimase l'edificio più alto del mondo per 41 anni, fino a quando, nel 1930, fu superata dal Chrysler Building di New York. Nel 1957 fu aggiunta un'antenna in cima e così la torre si alzò di 5,2 m, raggiungendo l'altezza attuale di 324 m.

LA CITTA PROIBITA

Nel cuore di Pechino (Cina), c'è un vasto complesso architettonico noto come la Città Proibita. Era il palazzo imperiale, dimora dell'imperatore e della sua famiglia. Costruito tra il 1406 e il 1420, vanta 980 edifici e si estende per oltre 720.000 m^2. Più di un milione di lavoratori hanno contribuito a realizzare i numerosi cortili, templi, palazzi e ponti.

Città nella PIETRA

Nascosta tra montagne di arenaria rossa in Giordania, Petra è un gioiello di pietra. Palazzi, templi, chiese incastonati nella dura roccia si affacciano sulle strade accanto a case, negozi, teatri e tombe. Furono i Nabatei – una ricca tribù che fin dal I secolo a.C. commerciava beni preziosi attraversando le regioni desertiche – a fondare la città. Divenuta la loro capitale, la rifornirono di un impianto di convogliamento dell'acqua piovana che consentì un rifornimento idrico costante.

Le tombe

Sono centinaia le tombe intagliate nella solida roccia. Molte, scolpite sui fronti rocciosi delle montagne, presentano elaborate facciate con colonne, archi e altre decorazioni architettoniche che danno loro l'aspetto di edifici reali. Alcune di queste tombe sono enormi: realizzarle deve essere stato un lavoro immane.

▼ La cosiddetta Tomba Palazzo è uno dei monumenti di Petra più imponenti.

Gola d'ingresso

L'ingresso principale di Petra, una gola lunga e stretta, è nota come al-Siq. Si tratta di una faglia geologica naturale che si snoda per 1,2 km nella pietra arenaria. Le sue pareti verticali si alzano per anche 180 m, mentre in larghezza in alcuni punti il canyon non raggiunge i 3-4 m. Era da qui che passavano i commercianti che entravano in città portando con sé, per venderli o barattarli, spezie e altri tesori orientali.

Teatro romano

Scolpito nella pietra secondo le forme del teatro romano, le 33 file di sedili scavati nella dura roccia sopravvivono ancora di fronte a quel che resta della scena e dei camerini. Purtroppo non si sa che tipo di spettacoli vi si allestissero qui.

▲ Ancora oggi i visitatori di Petra possono attraversare a piedi l'al-Siq, il lungo e tortuoso passaggio che conduce alla città antica.

…cerchio, è una delle strutture più importanti della città.

▶ In cima ad Al-Khazneh sono raffigurate quattro aquile di pietra. I Nabatei credevano che portassero con sé le anime dei defunti sepolti all'interno di questo edificio.

Il "tesoro" arabo

Al-Khazneh, uno dei monumenti più suggestivi di Petra, fu costruito come mausoleo. Il suo nome, in arabo, significa non a caso "il Tesoro", visto che una leggenda racconta che i banditi locali nascondessero nell'urna di pietra in alto sulla facciata i loro bottini. In realtà quell'urna è in solida arenaria, quindi non è possibile che lo facessero.

La Grande Muraglia

CRONOLOGIA DEL MURO

770-221 A.C.	Alcune mura sono costruite localmente durante la dinastia Zhou e nel periodo degli Stati Combattenti
221-210 A.C.	Prima Grande Muraglia costruita durante il regno del primo imperatore Qin Shi Huang
202 A.C.-6 d.C.	La muraglia viene estesa nella parte occidentale della Cina sotto la dinastia Han
220-1127	Durante le dinastie Sui, Tang e Song si realizzano nuovi tratti di mura locali
907-1234	Nell'interno della Mongolia si erigono numerose mura difensive
1368-1644	La muraglia è ricostruita in pietra e mattoni sotto la dinastia Ming

Si snoda lungo le pianure settentrionali e le colline della Cina: si tratta di una serie di straordinarie fortificazioni, un celebre complesso difensivo noto con il nome di Grande Muraglia cinese. In parte costruito in pietra o in terra, comprende anche fossati o confini naturali come pareti rocciose e fiumi, che nell'insieme formano una dei più incredibili meraviglie architettoniche del mondo.

Il bisogno di difendersi

La Cina era minacciata di continuo dalle tribù ostili che popolavano le zone più a nord. Fu quindi per proteggersi che i vari stati cinesi eressero, localmente, una serie di mura. Quando nel 221 a.C. la Cina fu unificata sotto il primo imperatore, queste mura vennero unite tra loro, realizzando in parte in pietra, in parte in terra, dei nuovi tratti di raccordo. In seguito, la muraglia fu estesa ancora e grandi porzioni furono ricostruite in pietra e mattoni. Sono queste ultime mura quelle che noi oggi identifichiamo come la Grande Muraglia.

▶ La Grande Muraglia serpeggia lungo il confine settentrionale della Cina. Fu eretta per proteggere il Paese, ma fu anche utilizzata come via di comunicazione e rotta commerciale.

Grande e potente imperatore

Re Zhèng ascese al trono dello stato cinese di Qin nel 246 a.C. e poi, conquistando a poco a poco gli altri stati indipendenti del Paese, nel 221 a.C., con il nome di Qin Shi Huang, divenne il primo imperatore di una Cina unita. Fu un capo davvero potente, che fece ricostruire la Grande Muraglia e realizzare un massiccio sistema di strade e canali. Impose inoltre a tutto il suo regno la stessa moneta e lo stesso sistema di misure e di pesi. Quando morì, nel 210 a.C., fu sepolto accanto a un enorme esercito di guerrieri di terracotta che avrebbe dovuto proteggerlo nell'aldilà.

◀ Il primo imperatore fu un sovrano forte ma crudele. Una volta ordinò che 460 studiosi venissero sepolti vivi perché possedevano dei libri proibiti.

Tecniche di costruzione

Nelle zone in cui il muro correva nel mezzo di pianure fangose, veniva costruito secondo una tecnica chiamata di terra battuta, in cui uno strato di terra, mescolato a sabbia e calce, o gesso e ghiaia, era pressato con lunghi pali tra alte assi di legno. Quando quello strato essiccava, ne veniva steso sopra un altro, fino a completamento del muro. A quel punto si levavano le assi e il muro veniva rifinito.

È UNA LEGGENDA CHE LA MURAGLIA SI VEDA DALLO SPAZIO. È VERO CHE È LUNGA, MA NON È PIÙ LARGA DI UNA STRADA STRETTA.

◀ I lavoratori hanno faticato molti anni per erigere ila muraglia. Una volta finita, venne pattugliata dai soldati che controllavano i movimenti delle truppe nemiche e, se necessario, chiedevano rinforzi inviando segnali di fumo.

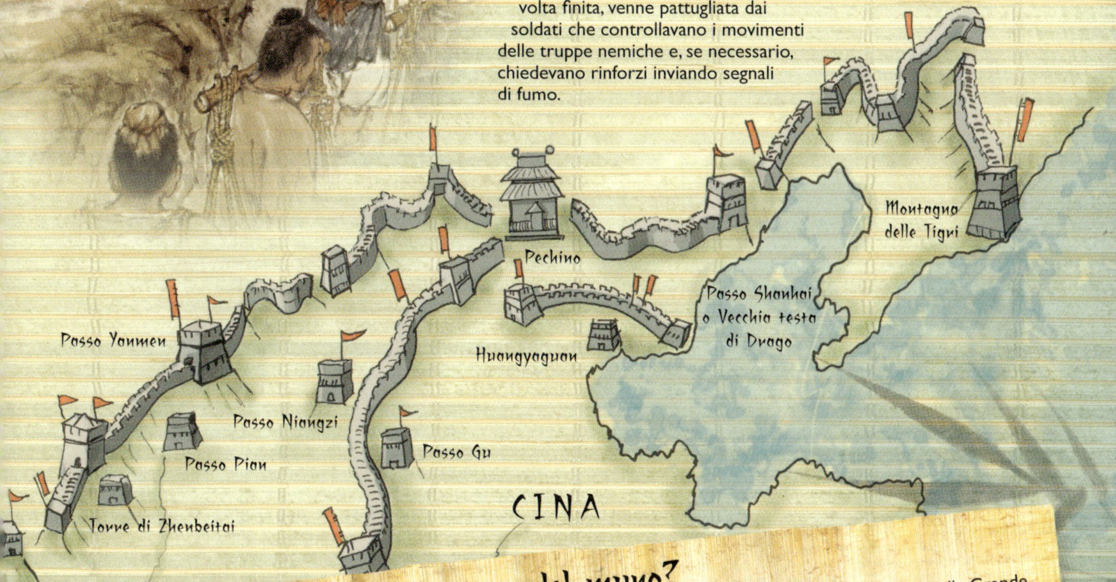

Chi conosce la lunghezza esatta del muro?

Gli esperti concordano sul fatto che il muro è grande, ma non riescono a mettersi d'accordo su quanto esattamente sia lungo. Le varie porzioni di cui è composto, i fossati e altre parti difensive rendono difficile misurarlo con precisione. Uno studio recente ha aggiornato i calcoli proponendo una lunghezza di 21.195 km, che significherebbe che è cinque volte più lungo della larghezza degli Stati Uniti. Le mura di epoca Ming arrivano a 8850 km, di cui 2232 km erano barriere naturali come colline e fiumi e 359 km trincee.

▼ Molti tratti della Grande Muraglia sono ancora in buone condizioni e possono essere visitati dai turisti.

I PONTI sul mondo

Nel corso della storia le persone hanno dovuto attraversare e gestire i corsi d'acqua, e questo li ha spinti a costruire dei ponti a volte davvero straordinari. Molti sono impressionanti per le loro dimensioni, altri per l'ingegnosità del progetto e della costruzione, altri per l'assoluta e pura bellezza.

PONTE DEI SOSPIRI, ITALIA

Questo famoso ponte fu costruito nel 1602 al di sopra di uno stretto canale di Venezia. Completamente chiuso nel bianco marmo, da una parte si trovavano gli uffici degli Inquisitori di Stato che giudicavano i detenuti. Questi, se condannati, erano condotti nelle prigioni e si dice che sospirassero disperati passando dal ponte e lanciando il loro ultimo sguardo su Venezia.

OLD LONDON BRIDGE, REGNO UNITO

A Londra, sul Tamigi, i ponti ci sono sempre stati, per almeno 2000 anni. Uno dei più famosi è l'Old London Bridge: ci vollero 33 anni per costruirlo ed era così costoso che, quando nel 1209 fu terminato, re Giovanni, per avere degli introiti, dovette venderne dei lotti edificabili: fu così che nacquero edifici alti anche sette piani.

PONTE DI BROOKLYN, STATI UNITI

Il 24 maggio 1883 fu inaugurato il ponte di Brooklyn a New York. Temendo che potesse crollare, fu fatto attraversare da una fila di 21 elefanti, così da dimostrare quanto fosse sicuro! Lungo 1825 m, fu in assoluto il primo ponte sospeso in acciaio del mondo e tale rimase per 20 anni.

GOLDEN GATE BRIDGE, STATI UNI

Per lungo tempo si ritenne troppo pericoloso costruire un ponte sul Golde Gate, lo stretto che unisce la baia di San Francisco (California) con l'Oceano Pacifico. E invece nel 1937, dopo quattro anni di duro lavoro, ecco inaugurato lo splendido ponte sospeso in acciaio a sei corsie.

▼ Il ponte del Gard, in Francia, è il più alto di tutti gli acquedotti romani, con tre livelli di arcate.

IL PONTE DEL GARD CONTIENE QUASI 46.000 TONNELLATE DI CALCARE, CON ALCUNI BLOCCHI CHE PESANO FINO A SEI TONNELLATE CIASCUNO.

SYDNEY HARBOUR BRIDGE, AUSTRALIA

Sydney non ebbe un ponte sul porto fino al 1924, quando una società britannica si aggiudicò l'appalto. Il progetto prevedeva una semplice arcata in acciaio con 6 corsie per il traffico stradale, 4 binari ferroviari e del tram, e 2 passaggi pedonali. Fu inaugurato il 19 marzo 1932, e con una larghezza di 49 m, un'altezza di 134 m e una lunghezza di 1149 m, è l'arco d'acciaio più alto esistente al mondo.

PONTE DEL GARD, FRANCIA

◀ INGEGNO ROMANO

Intorno al 40 d.C., gli ingegneri romani costruirono un acquedotto, o canale, lungo 265 km per trasportare l'acqua da una sorgente situata a Uzès fino alla città di Nîmes. Sfortunatamente, il fiume Gardon bloccava il suo percorso, e i Romani risolsero il problema costruendo un ponte-acquedotto con tre piani di arcate lungo 360 m e alto 49 m. Una volta terminato, l'acquedotto trasportava ogni giorno quasi 200.000 m³ di acqua con cui si riempivano le fontane, i bagni e le piscine di Nîmes.

ROMA caput mundi

Roma non conosceva momenti di noia. L'imperatore organizzava ogni sorta di intrattenimento per i suoi sudditi, in modo da tenerli occupati. In città c'erano due grandi stadi: il Colosseo, dove combattevano i gladiatori e dove si uccidevano gli animali selvatici, e una pista ovale, il Circo Massimo, in cui si svolgevano le corsi con i carri.

IL CIRCO MASSIMO PRESENTA

UN GIORNO ALLE CORSE

- DOMENICA A MEZZOGIORNO
- INGRESSO LIBERO!

CHE ARENA!

Ancora oggi il Circo Massimo è il più grande stadio sportivo mai costruito, in cui trovavano posto 250.000 spettatori. Quattro squadre di carri, i rossi, i bianchi, i verdi e i blu, tutti dell'imperatore, lanciati a piena velocità facevano sette volte il giro della pista, percorrendo nel complesso 8 km. Le strette curve alla fine di ogni rettilineo erano davvero pericolose, infatti gli incidenti erano frequenti e le ferite spesso gravi.

I conducenti dei carri indossavano solo l'elmo e nessun altro indumento protettivo mentre sfrecciavano a gran velocità lungo la pista.

UNA CORSA EMOZIONANTE!

Di solito ciascuna squadra di cavalli tirava un carro leggero, ma a volte erano cammelli o elefanti a prendere il loro posto. L'auriga avvolgeva le redini attorno a se stesso per non cadere, ma aveva sempre con sé un pugnale affilato per liberarsi nel caso in cui il carro si capovolgesse intrappolandolo.

La pista ovale era impressionante: misurava 542 m in lunghezza e 140 m in larghezza.

GIORNO DELLA GARA!
CHI SARÀ IL VINCITORE?

FORZA ROSSI!

L'IMPERO ROMANO PRESENTA

IL COLOSSEO!

Nell'80 d.C., migliaia di Romani si presentavano al Colosseo per i giochi gladiatori, che si protraevano per 100 giorni. Il nuovo stadio ovale a quattro livelli era lungo 188 m, largo 156 m e alto 40 m. La giornata tipo durante questo periodo di spettacoli iniziava con la sfilata di gladiatori, ballerini e musicisti che facevano il loro ingresso nell'arena, proseguiva con i combattimenti tra cacciatori armati e animali selvatici, e si concludeva con l'evento più popolare: le lotte tra gladiatori.

Nel Colosseo c'erano 50.000 posti a sedere.

EVENTO PRINCIPALE: TESTA A TESTA PER I GLADIATORI PRISCO E VERO!

Un gladiatore a terra, sconfitto, chiede al pubblico che gli venga concessa la grazia. Il vincitore alza lo sguardo in attesa dell'ordine di uccidere o risparmiare l'avversario.

ENTRA NELL'ARENA

I gladiatori erano di solito prigionieri di guerra, criminali o schiavi, e solo occasionalmente volontari. Si allenavano duramente e combattevano con spade e tridenti. Se un gladiatore veniva ferito, poteva fare appello all'arbitro o all'imperatore perché mettesse fine allo scontro. Il pubblico faceva capire con applausi o fischi ciò che desiderava. I gladiatori venivano spesso risparmiati, visto che l'addestramento era molto costoso.

INGRESSO LIBERO!

INAUGURAZIONE AD LXXX!

FORZA VERO, VINCI!

NON ARRENDERTI PRISCO!

SAGGEZZA divina

Dalla sua prima costruzione nel 537 d.C., Santa Sofia continuò per quasi 1000 anni a essere una delle basiliche più grandi nel mondo. Malgrado venisse quasi distrutto da due terremoti, saccheggiato dai crociati cristiani nel 1204 e attaccato dalle armate musulmane nel 1453, questo splendido luogo sacro riuscì a sopravvivere, e domina ancora oggi lo skyline di Istanbul (Turchia).

DOPO CHE NEL 1923 LA TURCHIA DIVENNE UNA REPUBBLICA, COSTANTINOPOLI FU UFFICIALMENTE RIBATTEZZATA CON IL NOME DI ISTANBUL.

▶ La basilica misura 82 m di lunghezza, 73 m di larghezza, e 55 m di altezza.

Una città potente

Nel 330, l'imperatore Costantino ordinò che la capitale dell'impero romano fosse spostata da Roma in Oriente, nell'antica città greca di Bisanzio, che venne ribattezzata Costantinopoli in suo onore. Si trasformò presto nella città più grande e ricca d'Europa, prima capitale dell'impero romano, poi capitale dell'impero bizantino. Nel 1453 cadde in mano ai turchi ottomani, divenendo il fulcro centrale del loro vasto impero.

◀ Giustiniano il Grande governò l'impero bizantino dal 527 al 565 d.C. Ordinò l'erezione di molti grandiosi edifici, tra cui Hagia Sophia (Santa Sofia) a Costantinopoli.

Cupole e minareti

Il nome Hagia Sophia significa "saggezza divina". L'edificio è sovrastato da una cupola gigantesca, appoggiata sulla parte superiore di 40 finestre ad arco che permettono ai raggi del Sole di riflettersi all'interno e di creare un effetto suggestivo per cui la cupola pare librarsi al di sopra della luce. Dopo che nel 1453 la chiesa fu trasformata in moschea, vennero costruiti quattro minareti (torri), uno su ogni angolo.

▲ L'interno della cupola è decorato con iscrizioni dal Corano, il libro sacro dell'Islam.

▲ Gli splendidi interni di Hagia Sophia, quando ancora fungeva da luogo di culto.

Terza volta fortunata

La chiesa che oggi ammiriamo è in realtà la terza che fu costruita lì, in quello stesso luogo, dopo che le precedenti erano state distrutte dal fuoco. I lavori furono completati nel 537 d.C. senza badare a spese, e così la nuova basilica risultò più grande e di gran lunga più bella di prima: il marmo verde arrivava dalla Tessaglia (Grecia), il porfido viola dall'Egitto, la pietra gialla dalla Siria e quella nera dalla Turchia, e le colonne greche erano giunte dal tempio di Artemide a Efeso.

CAMBI DI DESTINAZIONE

537 d.C. Hagia Sophia nasce come una basilica (chiesa) greco-ortodossa. Nel 558 d.C., un terremoto fa crollare la cupola principale, che però è subito ricostruita. Nell'859 l'edificio subisce gravi danni a causa di un grande incendio e anche per i terremoti dell'869 e del 989.

1204 I crociati cristiani, diretti in Terra Santa per liberarla dal dominio musulmano, passando da Costantinopoli saccheggiano la città e trasformano la chiesa in una cattedrale cattolica romana.

1261 I bizantini riconquistano Costantinopoli e Hagia Sophia torna sotto il controllo greco-ortodosso.

1453 Quando gli ottomani musulmani assediano Costantinopoli, Hagia Sophia è trasformata in moschea e sui quattro angoli sono eretti dei minareti. La moschea è restaurata tra il 1739 e il 1740, e poi ancora tra il 1847 e il 1849.

1935 Mustafa Kemal Atatürk, il presidente della Turchia, cambia la destinazione d'uso di Hagia Sophia da luogo di culto in museo.

La città tra LE NUVOLE

Gli Inca dell'America del Sud erano abili maestri muratori. Tagliavano e modellavano con tale precisione le enormi pietre da costruzione – posizionandole l'una accanto all'altra servendosi di rulli – che tra loro non ci sarebbe stato posto nemmeno per un filo d'erba. Conquistato dagli spagnoli, l'impero inca perse la sua importanza e imponenza. Oggi rimane intatta solo la mistica città di Machu Picchu.

Sito sacro

La città di Machu Picchu, situata a 2430 m sopra il livello del mare, è adagiata su una sella pianeggiante tra due montagne sopra la valle sacra degli Inca, a circa 80 km da Cuzco (Perù). I 200 edifici in città – palazzi, templi e case semplici – sono disposti su ampie terrazze attorno a una grande piazza centrale. Machu Picchu si trova in una zona sismica, per questo gli Inca costruivano le sue mura senza malta, così che in caso di terremoto le pietre, posizionate con attenzione, potessero muoversi, anzi rimbalzare, l'una contro l'altra e tornare poi al loro posto.

Costruire un impero

Intorno al 1200 gli Inca fondarono un vasto impero in Perù, che nel 1470 si estendeva per 3195 km nella parte occidentale dell'America del Sud, da quello che oggi è l'Ecuador, a nord, al Cile, a sud. Grandi costruttori, gli Inca eressero enormi fortezze e una notevole rete di strade, che superava, in lunghezza, i 20.000 km. Terrazzarono inoltre le colline scoscese per renderle coltivabili e realizzarono innumerevoli ponti sospesi in corda che permettevano di superare le vallate strette e ripide.

▼ La strada per Machu Picchu sale a zig-zag sul ripido fianco della montagna.

GIOCO DI OMBRE

Machu Picchu ospita molti templi di pietra e anche la pietra Intihuatana, che funge da calendario. A mezzogiorno dell'11 novembre e del 30 gennaio il Sole è perfettamente a picco e non c'è alcuna ombra. Il 21 giugno, quando il Sole è al suo massimo, la pietra crea un'ombra sul suo lato meridionale, mentre il 21 dicembre, quando è al minimo, un'ombra più corta cade sulla parte nord.

▶ Machu Picchu, fondata intorno al 1450, venne abbandonata negli anni Settanta del XVI secolo dopo la conquista dell'impero inca da parte degli spagnoli. Questo dipinto mostra Hiram Bingham che vede per la prima volta la città, ricoperta di vegetazione.

▼ Riferito alla pietra, il termine "Intihuatana" significa "che lega il Sole".

Finalmente ritrovata!

I conquistatori spagnoli non vennero mai a sapere dell'esistenza di Machu Picchu, ma quando, attorno al 1572, portarono il vaiolo in Perù, è probabile che l'epidemia spazzasse via tutti i suoi abitanti. Le rovine dell'antica città rimasero intatte e sconosciute fino al 24 luglio 1911, quando l'archeologo americano Hiram Bingham le riscoprì.

▶ Nel Tempio del Condor c'è una roccia scolpita a forma di condor, un enorme uccello volante.

a Stanza delle Tre Finestre era dedicata a Inti, del Sole, la più importante delle divinità venerate Inca.

▲ Il Tempio del Sole, nella parte alta della città, era utilizzato principalmente per motivi religiosi e cerimoniali.

TEMPIO sacro

Nel cuore della giungla cambogiana, nell'Asia sudorientale, si erge uno dei più incredibili templi del mondo. Angkor Wat fu costruito sotto il regno di Suryavarman II, che governò la Cambogia dal 1113 al 1150. Il complesso fu eretto in onore del dio indù Vishnu, ma verso la fine del XIII secolo il Paese divenne buddista, e con lui anche il tempio.

▼ Angkor Wat emerge dalla giungla, che per secoli ha minacciato di inghiottire tutto il complesso.

La costruzione del tempio

Le pietre per erigere il tempio furono estratte dal monte Kulen, a una quarantina di chilometri dal sito, e trasportate lungo il fiume Siem Reap su una zattera. Servirono oltre 5 milioni di tonnellate di arenaria, come per la Grande Piramide di Giza.

▼ Angkor Wat è circondato sui quattro i lati da un grande fossato che raccoglie le piogge. Il livello dell'acqua è mantenuto costante grazie a un meccanismo che impedisce che diminuisca nei periodi di siccità e d'altra parte che il tempio non affondi nel fango quando si alza.

I picchi della montagna

Oltre a essere un capolavoro dal punto di vista costruttivo, si pensa che il complesso di Angkor Wat abbia un valore simbolico. Il tempio stesso potrebbe rappresentare il monte Meru, la dimora degli dei. Le cinque torri si ritiene simboleggino i cinque picchi della montagna, con le pareti e i fossati che rappresentano le montagne e gli oceani circostanti. All'interno, le tre gallerie principali sono dedicate a Brāhma, il creatore del mondo, alla luna e a Vishnu, l'Essere supremo. Un'altra teoria vede Angkor Wat progettata per rappresentare la pace, altri, infine, credono che raffiguri la costellazione del Drago.

▶ Vishnu, una delle principali divinità dell'induismo, è rappresentato di solito con quattro braccia, appena visibili in questa statua danneggiata.

Tempio articolato

Angkor Wat è circondato da un fossato che misura 190 m in larghezza e, più all'esterno, da un alto muro che racchiude un'area molto estesa, che originariamente ospitava non solo il tempio, ma anche un palazzo reale e una città. Un terrapieno lungo 350 m conduce al tempio stesso, che si erge su un terrazzo rialzato. Il complesso è costituito da tre gallerie rettangolari, una sopra l'altra. La più esterna misura 187 m x 215 m.

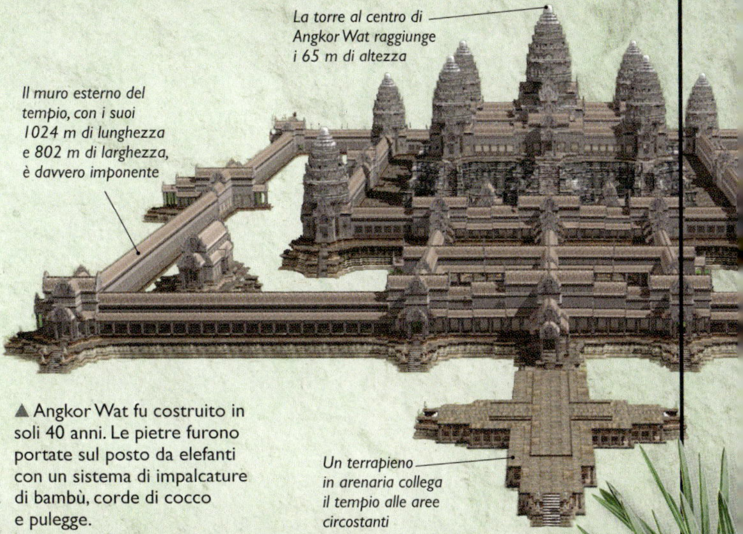

▲ Angkor Wat fu costruito in soli 40 anni. Le pietre furono portate sul posto da elefanti con un sistema di impalcature di bambù, corde di cocco e pulegge.

▶ Enormi sculture e figure in pietra di devata (dei) e apsaras (spiriti femmina delle nubi e delle acque) ornano il tempio.

Interamente scolpito

Nelle mura di Angkor Wat sono scolpite alcune scene tratte dai più grandi poemi epici dell'induismo, il *Rāmāyana* e il *Mahābhārata*. Molti dei soffitti sono ornati di serpenti, leoni e garuda (mitici uccelli divini). Tutt'attorno al tempio vi sono statue di Vishnu e di altre divinità indù.

Devozione e *BELLEZZA*

In molte città, gli edifici più imponenti e suggestivi sono le cattedrali cristiane. Con le alte torri e le guglie, gli spettacolari edifici svettano verso il cielo dominando la città sotto di loro. Spesso arricchite da magnifici tesori, questi templi sacri sono luoghi di culto e di bellezza, un riconoscimento in pietra e vetro delle talentuose maestranze che le eressero.

Abbazia di Westminster

Una delle chiese più importanti del Regno Unito, l'abbazia di Westminster si erge nel cuore di Londra. Tutti i monarchi britannici, sin dai tempi di Aroldo II, nel 1066, vengono incoronati qui, e alcuni hanno scelto questo tempio per celebrare il loro matrimonio. Innumerevoli personaggi famosi hanno trovato qui la loro sepoltura, incluso il "Guerriero sconosciuto", un soldato britannico mai identificato, ucciso durante il primo conflitto mondiale.

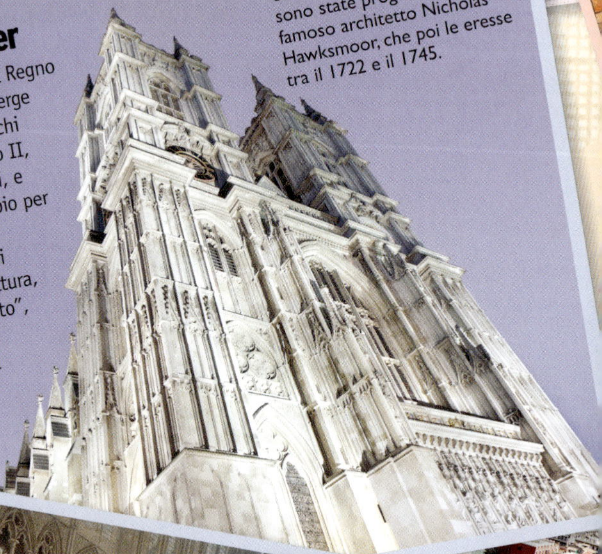

▼ Le due torri all'estremità occidentale di Westminster sono state progettate dal famoso architetto Nicholas Hawksmoor, che poi le eresse tra il 1722 e il 1745.

◀ Re Giorgio IV fu incoronato in pompa magna nell'abbazia di Westminster nel 1821. Alla moglie, la regina Carolina, con cui i rapporti erano pessimi, fu impedito di presenziare alla cerimonia.

Cattedrale di Chartres

Molte persone considerano Chartres, in Francia, una tra le cattedrali più maestose del mondo, eretta per gran parte tra il 1194 e il 1250. La navata centrale si eleva in altezza per 37 m, mentre le due torri occidentali misurano 105 m e 113 m e sono visibili per molti chilometri anche dalla campagna circostante. Situate in alto, lungo le pareti perimetrali, vi sono 176 vetrate riccamente colorate, raffiguranti storie della Bibbia e di santi, e immagini simboliche.

▼ Sul pavimento della navata centrale della cattedrale è tracciato un elaborato labirinto, simbolo del pellegrinaggio verso la Città Santa, Gerusalemme.

◀ Di notte, le luci sulle pareti esterne della cattedrale fanno risaltare l'affascinante e complessa architettura.

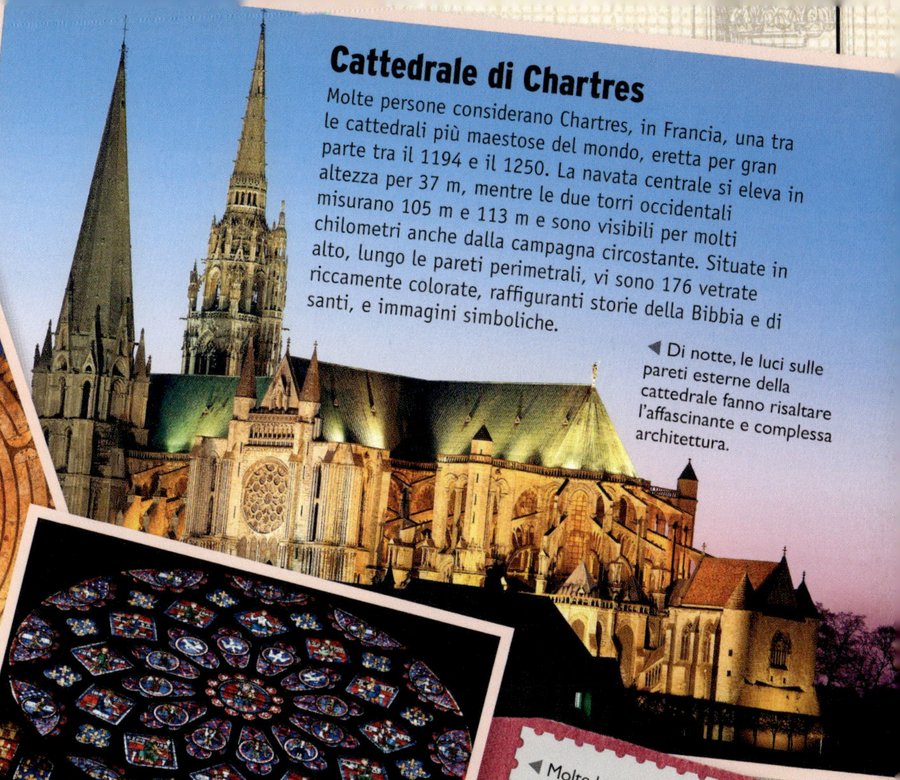

◀ Molte belle ed enormi vetrate ornano la cattedrale di Chartres. Il rosone sulla facciata settentrionale (in foto) ha un diametro di oltre 10 m.

Basilica di San Pietro

Il fulcro della chiesa cattolica romana è San Pietro a Roma, una grandiosa basilica costruita tra il 1506 e il 1626 con un'enorme cupola che porta l'altezza complessiva dell'edificio, dalla base alla punta della lanterna, a 138 m. Il complesso della chiesa e degli edifici annessi è talmente grande da formare uno Stato indipendente, la Città del Vaticano, che è di fatto il più piccolo Stato indipendente del mondo.

▼ La cupola di San Pietro a Roma è la più alta del mondo.

▲ Di domenica e in occasione di altre feste religiose, il Papa si affaccia sul balcone su piazza San Pietro rivolgendosi ai suoi fedeli.

IL CASTELLO dei crociat

Per centinaia di anni, i guerrieri costruirono castelli in pietra massiccia per proteggersi dai nemici. Il Krak dei cavalieri, in Siria, era uno di questi, strategicamente fortificato per difendersi dagli assedi al tempo delle Crociate, le campagne militari intraprese per riprendere il controllo su Gerusalemme e sulla Terra Santa.

Progettato per la difesa

Il Krak dei cavalieri controllava la via principale che dalla Siria conduceva in Terra Santa. La fortezza musulmana originale cadde in mano ai crociati nel 1099, e nel 1144 fu presa dai cavalieri Ospitalieri che la ricostruirono nelle forme che possiamo ammirare ancora oggi. I cavalieri rinforzarono le sue difese, circondando l'insediamento interno fortificato con un muro esterno più basso dal quale potevano sparare al nemico che li attaccava.

▶ Il Krak dei cavalieri si è conservato straordinariamente bene, ergendosi quasi intatto sulla sua collina rocciosa.

le Crociate

Nel 1095, visto che i turchi musulmani che controllavano Gerusalemme stavano impedendo ai pellegrini europei di visitare i luoghi santi, papa Urbano II chiamò alle armi un esercito per riconquistare la terra per i cristiani. Migliaia di crociati risposero all'appello, prendendo Gerusalemme nel 1099 e governando tutto il territorio fino al 1291, quando i musulmani se lo ripresero.

▼ Questo manoscritto illustrato mostra un esercito francese che carica dei rifornimenti su una nave pronta a salpare per la Terra Santa.

FORTEZZA FRANCESE

Riccardo I d'Inghilterra aveva un tempo molte proprietà nel nord della Francia, e nel 1195-1198 costruì Château Gaillard per difenderle. Il castello sorgeva su uno sperone di roccia sopra la Senna. Riccardo si vantava che non l'avrebbe perso "nemmeno se i muri fossero fatti di burro". E, invece, nel 1204 le truppe di Filippo II di Francia lo circondarono, e indebolendo uno dei muri esterni irruppero nell'interno, dove presero tutti prigionieri.

▼ Sono ancora imponenti le rovine di Château Gaillard, un tempo una grandiosa fortezza che dominava tutta la regione.

All'interno delle mura

Se un nemico fosse riuscito a violare le mura esterne del Krak dei cavalieri, i cavalieri si sarebbero ritirati dentro quelle interne, continuando a combattere strenuamente per difenderlo. Un alto numero di torri consentiva ai cavalieri di avvistare il nemico. Per entrare nella fortezza, si attraversava uno stretto passaggio coperto e serpeggiante sul fianco della collina. Un nemico avrebbe dovuto forzare un passaggio per riuscire a penetrare nel castello.

Debolezza cruciale

Era praticamente inespugnabile, potendo essere avvicinato solo da una parte, eppure il Krak dei cavalieri aveva un grave difetto: tutta l'acqua affluiva al castello da un unico acquedotto dalle colline circostanti. Tagliando quello, il castello sarebbe rimasto a secco nel giro di poco tempo. Un primo assedio musulmano fallì nel 1188, ma nel 1270 un vasto esercito egiziano bloccò il rifornimento idrico. I 200 cavalieri asserragliati all'interno resistettero per sei settimane, ma il nemico riuscì ad aprire un varco nelle mura esterne e irrompere. I cavalieri si arresero e gli abitanti lasciarono vivi il castello.

▶ Il simbolo dei cavalieri Ospitalieri era una croce di Malta bianca su sfondo nero.

CHI ERANO GLI OSPITALIERI?

L'Ordine degli Ospitalieri fu istituito intorno al 1023 per prendersi cura dei pellegrini malati, feriti e poveri che giungevano dall'Europa per vedere la Terra Santa. Dopo la conquista di Gerusalemme nel 1099, i crociati presero il controllo della difesa della Terra Santa fino a che furono cacciati dalle forze musulmane nel 1291.

Statue **COLOSSALI**

71 m

Le persone che vivono vicino alla statua dicono: "La montagna è un Budda e il Budda è una montagna".

8 m

La maggior parte dei moai pesa sulle 13 tonnellate ciascuno, ma il più pesante arriva a ben 78 tonnellate!

Disseminate per il mondo, vi sono statue che sono così grandi e imponenti da dominare il paesaggio circostante e incutere un timore reverenziale. Malgrado non possano parlare, ciascuna ha una storia da raccontare. A volte servono per tenere viva la fede della gente, altre per ricordare un importante evento del passato.

Budda gigante di Leshan

Dove i fiumi Min, Dadu e Qingyi si incontrano, non lontano da Leshan, nella provincia del Sichuan (Cina), le acque si fanno molto pericolose per le barche. Nel 713 d.C., un monaco cinese di nome Haitong decise di scolpire un colossale Budda nella vicina scogliera, con la speranza che calmasse le acque turbolente. Era così determinato a portare a termine l'opera che, quando esaurì le risorse, si cavò gli occhi per dimostrare la sua buona fede. Dopo la sua morte, furono i seguaci, nell'803, a finire la statua gigante del Budda seduto, che ha una larghezza di spalle di ben 28 m.

Moai

Soltanto 5761 persone vivono a Rapa Nui (isola di Pasqua), nel Pacifico orientale, che ospita anche 887 moai, statue monolitiche, cioè ricavate da un unico blocco di pietra, con fattezze umane. Scolpite tra il 1100 e il 1600, queste teste giganti poggiano, in file, su piattaforme cerimoniali di pietra conosciute come *ahu* tutt'attorno alla costa. Gli abitanti di Rapa Nui sparirono nel XVIII secolo, forse in parte a causa della deforestazione: gli isolani abbattevano infatti gli alberi che servivano per il trasporto delle statue.

30 m
Questa statua costò l'equivalente di circa 2.800.000 euro quando venne costruita, nel 1930. Fu inaugurata nel 1931.

85 m
Quando fu inaugurata, nel 1967, questa enorme statua era la più alta del mondo.

LA STATUA DELLA LIBERTÀ REGGE LA TAVOLA DELLE LEGGI NELLA MANO SINISTRA E NELLA DESTRA LA FIACCOLA DELLA LIBERTÀ.

93 m
I sette raggi che circondano la testa della statua rappresentano il Sole, i sette mari e i sette continenti.

Cristo Redentore

Nel 1931 i fedeli della Chiesa cattolica romana di Rio de Janeiro (Brasile) eressero la quinta più grande statua di Cristo del mondo. Collocato in cima al Corcovado, la montagna che con i suoi 700 m domina la città, il *Cristo Redentore* poggia su un piedistallo alto 8 m e le sue braccia aperte raggiungono i 28 m. Realizzato in calcestruzzo e pietra saponaria, pesa 645 tonnellate.

La Madre Patria chiama!

Più di 1.150.000 russi furono uccisi o rimasero feriti nella cruenta battaglia di Stalingrado del 1942-1943, durante la seconda guerra mondiale (1939-1945). Nel 1967 una scultura chiamata *La Madre Patria chiama!*, o *Statua della Madre Russia* fu eretta a Volgograd (Russia), per onorare la loro memoria. La statua, che raffigura una donna che brandisce una spada e pesa 7893 tonnellate, è la personificazione della Russia. Duecento gradini – in ricordo dei duecento giorni della battaglia – conducono a lei.

Statua della Libertà

Man mano che ti avvicini via mare a New York (Stati Uniti) come hanno fatto generazioni di immigrati dall'Europa, la Statua della Libertà si fa sempre più incombente. La famosa scultura in ferro e rame fu realizzata in Francia, imballata e spedita in casse via Oceano Atlantico per essere assemblata e sollevata sul suo piedistallo di pietra. Costruita da Frédéric Auguste Bartholdi, fu donata agli Stati Uniti dal popolo francese nel 1886 per festeggiare l'indipendenza americana.

Capolavori MAYA

Quando nel 1532 i conquistatori spagnoli si impossessarono della penisola dello Yucatán, in Messico, rimasero stupiti nello scoprire una città grandiosa come nessun'altra in Europa. Chichén Itzá fu fondata tra il 750 e il 998 d.C. dai Maya, un popolo incredibilmente istruito e arguto che abitava quel territorio. La città, molto grande, era costellata di templi e di tutta una serie di splendidi palazzi.

▶ Il campo del gioco della palla era di gran lunga il più grande dei tredici presenti a Chichén Itzá.

Una città all'avanguardia

La città di Chichén Itzá si estende per almeno 2 km^2. Creare lo spazio per costruire la città non era certo impresa da poco, visto che bisognava prima di tutto livellare il terreno su cui erigere templi, campi da gioco, magazzini, botteghe, case e gli altri edifici. Una rete di terrapieni lastricati collegava tutte queste strutture tra loro. Il nome della città significa letteralmente, in lingua maya: "Alla bocca del pozzo degli Itza".

▼ I Maya costruirono grandi città come Chichén Itzá, con templi a forma di piramidi a gradoni. Commerciavano oro, giada e altre pietre preziose con i popoli vicini.

- **A** *Campo del gioco della palla*
- **B** *Piramide di Kukulkán (El Castillo)*
- **C** *Osservatorio*
- **D** *Piattaforma dei teschi*
- **E** *Sala delle Mille Colonne*
- **F** *Tempio dei Guerrieri*
- **G** *Tempio del Giaguaro*
- **H** *Ossario (sito funerario)*

A Il campo del gioco della palla

I Maya erano soliti fare un gioco con una solida palla di gomma di cui non si conoscono le regole esatte, ma si presume che l'obiettivo fosse quello di mantenere la palla in aria. Con i suoi 168 x 70 m, il campo è molto più lungo di un moderno campo da calcio, ed è circondato ai due lati da alti muri su cui sono scolpiti degli anelli con serpenti piumati. Forse lo scopo del gioco era lanciare la palla attraverso uno di quegli anelli. È probabile che i Maya costringessero a partecipare al gioco i prigionieri, che venivano decapitati quando perdevano.

B Il potente tempio

Il tempio di Kukulkán, chiamato anche *El Castillo*, il castello, domina Chichén Itzá. Kukulkán era un dio serpente piumato, e il tempio a lui dedicato è imponente, con i suoi 30 m di altezza e composto da nove terrazze quadrate con scalinate che raggiungono i quattro lati del tempio centrale in cima. Negli anni Trenta gli archeologi scoprirono che, sepolto sotto, vi era un altro tempio, più antico, con all'interno una camera con un trono a forma di giaguaro, dipinto di rosso e le cui macchie erano di giada intarsiata.

▼ Nel tardo pomeriggio degli equinozi di autunno e primavera, il Sole crea una serie di ombre triangolari lungo il fianco nordoccidentale del Kukulkán. Ricorda un serpente che si contorce giù da una scala.

C Osservare le stelle

I Maya si stabilirono nella penisola dello Yucatán intorno all'800 a.C. e ben presto la loro civiltà fiorì. Erano non solo grandi matematici – inventarono lo zero – ma anche grandi osservatori dei cieli: sapevano per esempio prevedere le eclissi e altri eventi astronomici.

▶ L'osservatorio di Chichén Itzá è detto *El Caracol*, che significa "la lumaca".

▲ File di teschi erano incise lungo il muro di una poderosa piattaforma.

D La piattaforma dei teschi

Gli edifici della città sono la testimonianza di quanto potessero essere brutali i Maya. Il *Tzompantli*, o piattaforma dei teschi, espone i teschi delle loro vittime, mentre la vicina piattaforma delle aquile e dei giaguari ha dei pannelli scolpiti che presentano questi animali intenti a mangiare dei cuori umani. Nel nord della città si trova un cenote sacro, un pozzo naturale dove le vittime venivano sacrificate agli dei.

Fortezza RUSSA

Una grande fortezza nel cuore di Mosca, la capitale russa, è la sede del potentissimo presidente della Russia e, prima di lui, degli zar. Dall'interno delle sue mura segrete, questi potenti dominatori hanno cospirato contro i loro nemici e inviato eserciti in giro per il mondo. È la sede del potere russo.

Il primo Cremlino

Il Cremlino si erge sulla collina Borovitsky (oggi collina del Cremlino) nel punto in cui il fiume Neglinnaja confluisce nel Moscova. Il sito fu fortificato per la prima volta attorno al X secolo d.C. Nel 1156 il principe Yuri Dolgoruky ampliò le fortificazioni, ma l'intera rocca fu bruciata dai mongoli nel 1237. Nel 1339 fu realizzata una nuova fortezza in legno – palizzate di enormi tronchi di quercia – con una chiesa, un monastero e una cattedrale all'interno. Tra il 1366 e il 1368 Dmitri Donskoi, il figlio di Ivan II, fece sostituire le mura di legno con pietra calcarea bianca. Durante il regno di Ivan III (1462-1505), fu eretto un nuovo palazzo per gli zar russi, e da allora il Cremlino è stato il centro del governo russo.

1 Originariamente il Cremlino consisteva in una piccola fortezza circondata da una palizzata di legno. **1156 d.C.**

2 Duecento anni dopo, la fortezza, ampliata e circondata da mura di pietra calcarea bianca. **1370 d.C.**

3 Dal 1505, ecco le mura rosse del Cremlino, che racchiudevano tre cattedrali e il palazzo reale. **1505 d.C.**

La campana dello zar

Si trova nel centro esatto di Mosca l'imponente Torre campanaria Ivan il Grande. Con i suoi 81 m ricorda una grande candela che brucia, e visto che era proibito costruire edifici che la superassero, è stata per lungo tempo l'edificio più alto di Mosca. La torre accoglie 21 campane, che suonavano quando la città era in pericolo. Vicino al campanile, appoggiata su una base, c'è la campana dello zar, la più grande del mondo. Realizzata in bronzo, pesa 201.924 kg ed è alta 6,1 m. Purtroppo nessuno ha mai sentito nemmeno un rintocco: si è rotta mentre veniva fusa.

◀ La campana dello zar sta accanto all'imponente campanile che l'avrebbe accolta se non si fosse danneggiata.

Cosa c'è all'interno delle mura?

Le imponenti mura del Cremlino che vediamo oggi vennero edificate in gran parte tra il 1485 e il 1495. Lunghe 2235 m e intervallate da 20 torri, hanno uno spessore tra i 3,4 m e i 6,4 m e raggiungono l'altezza di 19 m. Racchiudono una vasta area di 275.186 m^2 con quattro cattedrali, due chiese, cinque palazzi, un arsenale per armi e numerosi altri edifici.

1. Torre Spasskaya
2. Cattedrale di San Basilio
3. Piazza Rossa
4. La Cattedrale dell'Assunta
5. Gran Palazzo del Cremlino
6. Palazzo di Stato del Cremlino
7. Piazza della Cattedrale
8. Campanile di Ivan il Grande

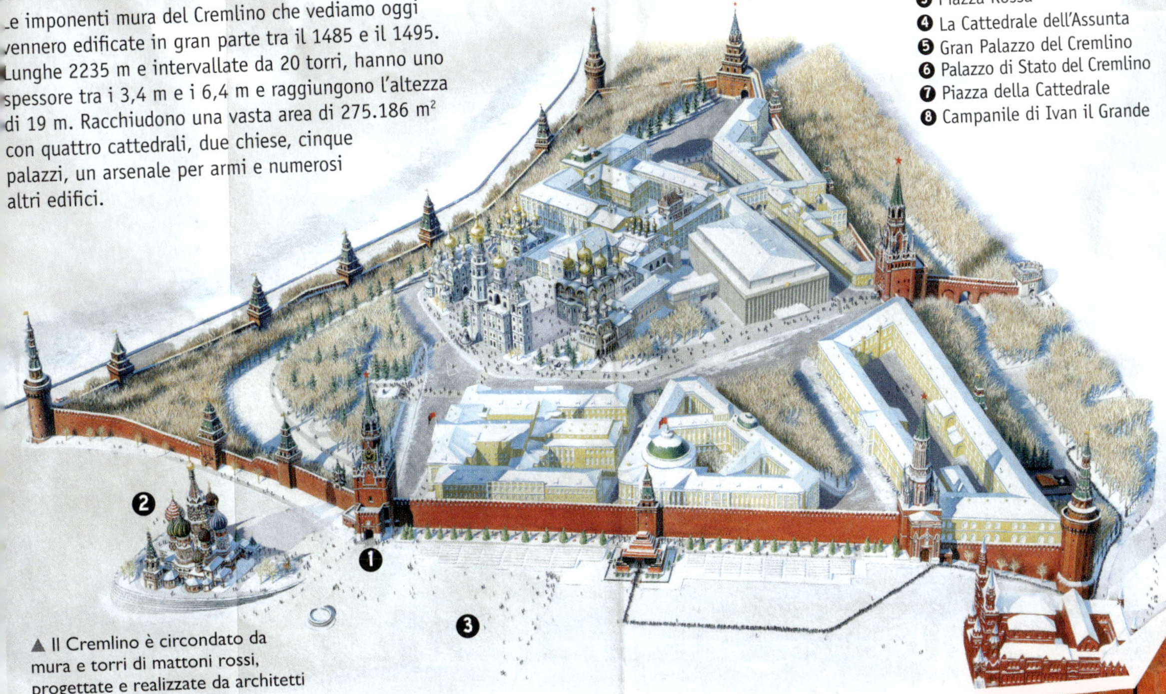

▲ Il Cremlino è circondato da mura e torri di mattoni rossi, progettate e realizzate da architetti italiani tra il 1485 e il 1495.

LA PIAZZA ROSSA

Nel 1495, re Ivan III – noto come Ivan il Grande – dichiarò che il Cremlino dovesse essere circondato da un fossato con alte mura per separarlo dal resto della città. Tutti gli edifici entro i 234 m dal Cremlino vennero abbattuti, lasciando uno spazio vuoto enorme sul lato orientale, che alla fine divenne la Piazza Rossa, così chiamata per via della cattedrale di San Basilio che vi sta accanto, un tempo soprannominata "rossa" o "bella", in russo. Le truppe sfilano regolarmente per la piazza, che è anche il luogo in cui riposano le spoglie imbalsamate del primo capo comunista, Vladimir Lenin.

◄ Per il quindicesimo anniversario della fondazione del regime sovietico, 40.000 truppe furono schierate sulla Piazza Rossa di Mosca.

Maestà MOGHUL

Uno dei più spettacolari edifici del mondo, il Taj Mahal, splendidamente simmetrico, non è solo un capolavoro di architettura, ma anche un inno all'amore. Al variare della luce del Sole, il candido marmo alterna i suoi toni di colore: al mattino assume tutte le sfumature del rosa, durante il giorno è di un bianco abbagliante e al chiaro di luna appare dorato.

Il gioiello dell'India

Il Taj Mahal poggia su una grande base di pietra arenaria sulle sponde del fiume Yamuna, non lontano da Agra, la capitale dell'India moghul. Circondato da meravigliosi giardini d'acqua, solo l'edificio si sviluppa su circa 17 m^2, e su ciascuno dei quattro lati si aprono dei passaggi a volta. Una delle caratteristiche distintive è la cupola centrale a cipolla, con la quale il palazzo arriva a un'altezza di 76 m. Quattro minareti, uno per angolo, si stagliano per 40 m contro il cielo.

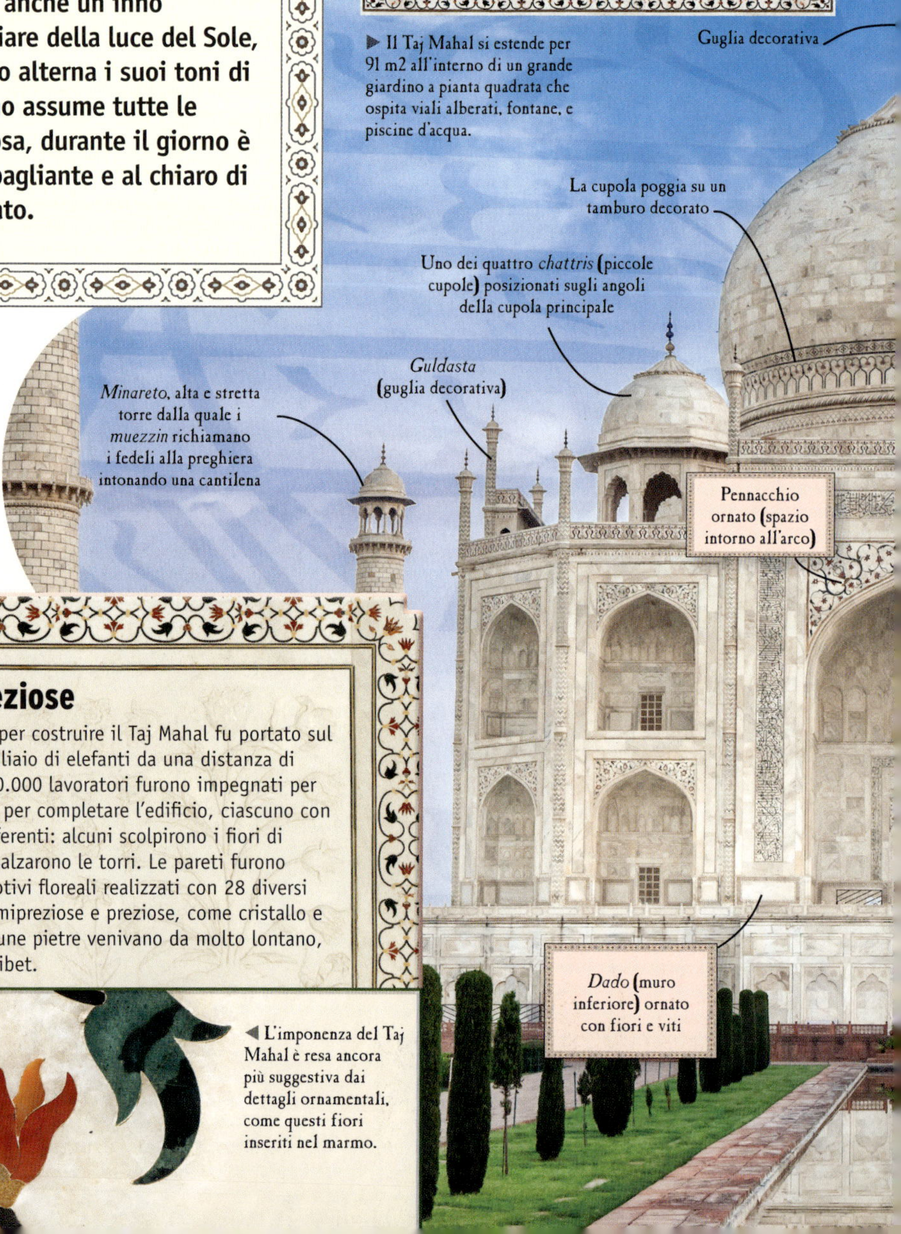

▶ Il Taj Mahal si estende per 91 m2 all'interno di un grande giardino a pianta quadrata che ospita viali alberati, fontane, e piscine d'acqua.

Pietre preziose

Il marmo usato per costruire il Taj Mahal fu portato sul luogo da un migliaio di elefanti da una distanza di oltre 480 km. 20.000 lavoratori furono impegnati per più di vent'anni per completare l'edificio, ciascuno con competenze differenti: alcuni scolpirono i fiori di marmo, altri innalzarono le torri. Le pareti furono decorate con motivi floreali realizzati con 28 diversi tipi di pietre semipreziose e preziose, come cristallo e lapislazzuli. Alcune pietre venivano da molto lontano, come Arabia e Tibet.

◀ L'imponenza del Taj Mahal è resa ancora più suggestiva dai dettagli ornamentali, come questi fiori inseriti nel marmo.

Imperatore Shāh Jahān

Shāh Jahān governò l'impero moghul dell'India dal 1628 al 1658, estendendo il potere moghul a sud e strappando ai persiani l'importante città di Kandahar. Durante gli anni del suo regno favorì le arti e fece edificare molti splendidi palazzi. Nel 1612 Shāh Jahān sposò Arjumand Bānū Bēgum, una giovane di una nobile famiglia persiana al servizio degli imperatori. Ebbero quattordici figli, ma solo sette arrivarono all'età adulta. Nel 1631 morì di parto e l'imperatore fu sopraffatto dal dolore: il Taj Mahal è la tomba che lui fece costruire per la sua sposa.

◀ Shāh Jahān amava davvero molto sua moglie, che divenne famosa con il soprannome di Mumtāz Mahal, "la prescelta del palazzo".

▼ Il memoriale di Mumtāz Mahal è alla destra del cenotafio del marito.

Due tombe insieme

I due cenotafi, o memoriali, di Mumtāz Mahal e Shāh Jahān si trovano in una camera situata esattamente sotto la cupola principale del Taj Mahal. Sia i memoriali sia la camera stessa sono riccamente ornati con marmi e pietre semipreziose. I corpi di Mumtāz e Jahan riposano però in sarcofagi in una stanza situata ancora più in basso. I musulmani proibiscono tombe troppo elaborate, infatti la cripta è rivestita di semplici lastre di marmo. Le bare, intarsiate di pietre preziose, riportano iscrizioni calligrafiche che lodano Mumtāz.

La reggia di Versailles

Luigi XIV di Francia si definiva "il Re Sole". Credeva che il regno di Francia ruotasse attorno a lui nello stesso modo in cui la Terra girava intorno al Sole. Il sovrano amava ostentare il suo immenso potere e la sua maestà, per questo aveva ordinato la costruzione di una magnifica reggia. A Versailles, Luigi viveva tra sfarzi straordinari. Il palazzo stesso era enorme e le stanze lussuose riccamente decorate.

▼ La reggia di Versailles è circondata da oltre 800 ettari di giardini.

▲ Luigi regnò in Francia dal 1643 al 1715. Salì al trono a soli 4 anni.

Quanto è grande?

È difficile anche solo immaginare le dimensioni di Versailles. La reggia si estende su un'area di 67.000 m^2, l'equivalente di una decina di campi da calcio, e vanta 2300 stanze, 67 scaloni, 2153 finestre e 5210 oggetti d'arredamento, oltre a 6000 dipinti e 2000 sculture. È talmente grande che i membri dell'aristocrazia francese che vi vivevano si spostavano da una stanza all'altra in portantine trasportate dai servitori.

Un palazzo in espansione

La reggia di Versailles, poco fuori Parigi, era in origine un piccolo casino di caccia. Il giovane sovrano francese, Luigi XIV, innamoratosi della campagna circostante, decise di ampliarlo fino a trasformarlo in palazzo. I lavori iniziarono nel 1664 e si protrassero in quattro fasi principali fino al 1710. Successivamente i monarchi aggiunsero altre stanze e fecero edificare all'interno del parco nuovi palazzi.

Galleria degli specchi

Nel cuore del palazzo vi è una stanza molto grande conosciuta come Galleria degli Specchi (qui sotto), che misura 73 m di lunghezza, 10,5 m di larghezza e 12,3 m di altezza. L'ambiente era illuminato da una serie di candelabri e lampadari la cui luce si rifletteva nei 357 specchi che lo tappezzavano. Luigi XIV lo attraversava a piedi tutti i giorni per recarsi in cappella dai suoi appartamenti.
I cortigiani, in piedi alla presenza del re, lo guardavano passare.

Maria Antonietta

Una delle più celebri abitanti di Versailles fu la regina Maria Antonietta, moglie di Luigi XVI. Nel 1784 ordinò la costruzione di un villaggio finto nel parco, con dodici casette e un mulino. Veniva qui per sfuggire alle formalità della vita a Versailles, vestendosi come una contadina e mungendo le mucche, che aveva precedentemente fatto strigliare e pulire dai suoi servitori. I veri contadini in giro per la Francia, però, non si divertivano altrettanto, e nel 1789, per scacciare i reali, diedero inizio a una rivoluzione. Maria Antonietta fu decapitata nel 1793.

▼ In cerca di uno svago, nei giardini di Versailles Maria Antonietta si fece costruire un piccolo villaggio rustico.

Le grandi BATTAGLIE

Dietro alcune battaglie diventate leggenda si nascondono atti di estremo coraggio e crudeltà, combattute senza esclusione di colpi, andiamo a scoprirle.

◀ L'armatura a piastre non era facile da trafiggere, nemmeno con le spade più robuste, per questo i combattenti miravano ai punti più deboli, oppure sferravano i loro colpi con oggetti contundenti quali le mazze.

CARRI da guerra

Nel maggio del 1274 a.C., due potenti armate si affrontarono sulle rive del fiume Oronte, vicino a Qadeš (Siria). Il faraone egiziano Ramses II comandava un esercito di 2000 carri da guerra e 20.000 uomini. L'esercito ittita, ancora più grande, contava 3500 carri e 50.000 uomini. Migliaia di soldati persero la vita nella più grande battaglia di carri mai combattuta.

Battaglia sul fiume

Ramses II e la divisione principale dell'esercito egizio avanzavano a nord, verso Qadeš. Pensando che gli Ittiti si trovassero ancora più a nord, allestirono l'accampamento, ma gli avversari, nascosti dall'altra parte del fiume Oronte, tesero un agguato al restante esercito egizio, prima di assaltare l'accampamento. Mentre i carri ittiti attraversavano il fiume, Ramses II reagì all'attacco. La battaglia si protrasse così a lungo, che alla fine entrambi gli schieramenti decisero di battere in ritirata. Durante la fuga verso casa, molti Ittiti morirono annegando nell'Oronte.

▲ Nella battaglia di Qadeš, fu Ramses II stesso a guidare il suo carro in battaglia. Normalmente accanto a lui ci sarebbe stato un cocchiere.

RAMSES II

Uno dei più importanti faraoni dell'antico Egitto, Ramses II (1303-1213 a.C.), divenne re nel 1279 a.C., all'età di 25 anni, e governò per 66 anni. Condusse una guerra contro gli Ittiti a nord e i Libici a ovest. In dipinti e sculture, veniva spesso rappresentato mentre guidava le truppe in battaglia sul suo carro da guerra. Tra i numerosi templi che fece erigere, vi erano anche le due grandi costruzioni scavate nella solida roccia sul Nilo, ad Abu Simbel.

EGIZI CONTRO ITTITI

XVIII sec. a.C.	Gli Ittiti fondano un grande impero in quella che oggi è la Turchia centrale
1295 a.C.	Muwatalli II diventa re degli Ittiti
1279 a.C.	Ramses II inizia a governare l'Egitto
1274 a.C.	**Ramses II guida gli Egizi contro gli Ittiti nella battaglia di Qadeš**
1272 a.C.	Morte di Muwatalli II
1264 a.C.	Ha inizio l'erezione dei grandiosi templi gemelli ad Abu Simbel, nel sud dell'Egitto
1258 a.C.	Ramses II firma un trattato di pace con il re Hattušili III, il nuovo re ittita
1213 a.C.	Morte di Ramses II, che viene sepolto nella Valle dei Re

◀ Il testo del trattato di pace è conservato su tavolette di pietra.

Tempo per la pace

Al termine della battaglia, Ramses II dichiarò di avere ottenuto una grande vittoria. La realtà che è non vinse nessuno dei due. Mentre Ramses faceva ritorno in Egitto, gli Ittiti occuparono a nord due province egizie in Libano. Nel 1258 Ramses firmò un trattato di pace con il re ittita Hattušili III con cui si metteva fine alla guerra. Fu la prima volta nella storia che due nemici di vecchia data firmavano un simile accordo.

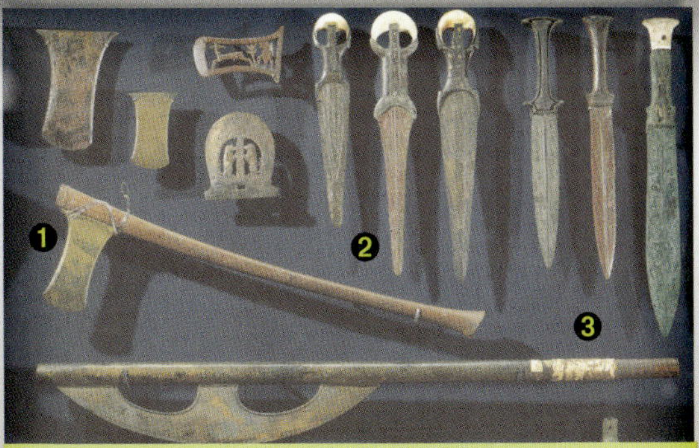

ARMI EGIZIE ❶ Ascia da battaglia ❷ Pugnali con impugnature in avorio ❸ Ascia a forma di epsilon

Attacco e difesa

L'arma principale degli Egizi era un arco di legno rinforzato con corno. Le frecce di legno avevano punte di bronzo, ferro oppure osso e potevano essere lanciate da una distanza di 175 m. I soldati di entrambi gli schieramenti combattevano anche con asce, spade lunghe e corte e con accette di bronzo, e per proteggersi usavano semplici scudi di bronzo.

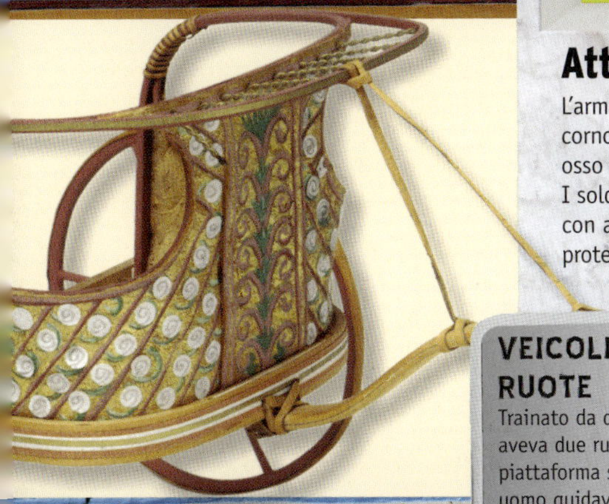

VEICOLI DA GUERRA CON LE RUOTE

Trainato da due cavalli, il carro di legno era leggero, aveva due ruote a sei raggi ben distanziate e una piattaforma su cui l'equipaggio stava in piedi: un uomo guidava, mentre l'altro combatteva. Un carro condotto con destrezza raggiungeva velocità di quasi 40 km/h e poteva anche fare curve strette.

La battaglia di MARATONA

Nel 490 a.C. re Dario I, che capeggiava il potente impero persiano, decise di annientare i sudditi greci ribelli. Radunò una forza enorme, circa 25.000 uomini e una flotta di 600 triremi – grandi navi dotate di tre file di remi – con cui attraversò l'Egeo. La battaglia che ebbe luogo a Maratona pose fine ai sogni di Dario: le truppe greche sopraffecero infatti il più grande esercito persiano.

L'attacco

La flotta persiana sbarcò a Maratona, nei pressi di Atene, suo obiettivo principale. L'esercito di 25.000 uomini vantava una superiorità numerica di due a uno. Il comandante greco Milziade schierò i suoi opliti in una falange lunga e stretta e iniziò ad avanzare verso il nemico. I Greci sopraffecero i fianchi dell'esercito persiano, mentre al centro le truppe subivano l'attacco delle frecce infuocate nemiche e cominciarono a vacillare. I Greci si precipitarono al centro, vedendolo in pericolo, accerchiando i Persiani che, in preda al panico, si ritirarono.

▼ Con la loro formazione compatta, i soldati greci sopraffecero i Persiani ottenendo un'importante vittoria.

▼ Nella formazione a falange, ai soldati nemici veniva impedito di oltrepassare la linea degli scudi.

Una formazione vincente

I soldati greci venivano chiamati opliti. Andavano in battaglia armati di una lunga lancia, una spada e un grande scudo di bronzo rotondo. Indossavano elmi bronzei, corazze in lino e schinieri in bronzo (parastinchi). In battaglia, formavano solide e fitte schiere che marciavano all'unisono, con gli scudi chiusi e compatti attorno a loro e le lance sollevate.

GRECI CONTRO PERSIANI

- **499 a.C.** In Turchia occidentale i Greci si ribellano al dominio persiano, ma vengono annientati
- **490 a.C.** **Guidati da Dario I, i Persiani invadono la Grecia, ma sono sconfitti a Maratona**
- **480 a.C.** I Persiani guidati da Serse attaccano ancora e trionfano sui Greci nella battaglia delle Termopili
- **480 a.C.** I Greci sconfiggono la flotta persiana a Salamina
- **479 a.C.** Altre vittorie greche, a Platea e a Micale, costringono i Persiani a ritirare l'esercito invasore dalla Grecia
- **449 a.C.** Un trattato di pace pone fine alla guerra

Fuga dal mare

Alla fine della battaglia i Persiani fecero la conta dei morti: 6400 dei loro uomini contro 192 Greci. Molti soldati dell'esercito persiano rimasto, abbandonando in modo caotico il campo di battaglia, seguiti dai Greci, annegarono nelle vicine paludi mentre tentavano di raggiungere le loro navi.

▶ Circa due terzi dell'armata persiana riuscì a salire a bordo delle navi e a tornare in patria, in Asia.

GLI ANTICHI SOLDATI GRECI NON MONTAVANO SPESSO A CAVALLO: SCAGLIANDO LE LANCE SAREBBERO PROBABILMENTE CADUTI ALL'INDIETRO!

Informatore corridore

Una leggenda greca racconta che al termine della battaglia di Maratona un messaggero, Fidippide, che aveva appena combattuto la battaglia, si precipitò a casa, ad Atene, per riferire della vittoria. Corse per 42 km senza mai fermarsi, irrompendo nell'assemblea di Atene e annunciando: "Abbiamo vinto". Morì appena ebbe finito di pronunciare queste parole. Le moderne maratone commemorano questa sua impresa.

◀ Sul percorso dell'antica maratona olimpica, non lontano da Atene, c'è una statua di Fidippide.

LA CONQUISTA del mondo

▲ Alessandro guida la cavalleria macedone oltre il fiume Granico prima di attaccare i Persiani sull'altra riva.

Poche persone nella storia si sono meritate il soprannome di "il Grande" o "Magno". Uno di questi fu Alessandro, che a soli vent'anni divenne re di Macedonia e poi ottenne tre importanti vittorie con cui assoggettò il vasto impero persiano. Avrebbe continuato l'avanzata, sottomettendo l'India e il resto del mondo conosciuto, ma le sue truppe volevano tornare a casa, in Macedonia. Il suo sogno di dominare il mondo non si avverò.

GRANICO, 334 A.C.

Alessandro attraversò il Granico – la via d'acqua che separava la Grecia dall'impero persiano in Asia – con il suo esercito di 43.000 fanti (soldati che combattono a piedi) e 6100 cavalieri (soldati a cavallo) in un punto lontano dal principale esercito persiano. Incontrò sul fiume, nei pressi di Troia, solo un piccolo contingente avversario. I Persiani dovettero riorganizzare rapidamente le loro truppe, e questo permise all'esercito di Alessandro di sopraffarli.

ALLA TESTA DEL SUO ESERCITO, ALESSANDRO MAGNO MARCIÒ PER QUASI 32.000 KM NEL CORSO DELLE SUE CAMPAGNE DI CONQUISTA CHE DURARONO 11 ANNI.

ISSO, 334 A.C.

Dopo la vittoria sul fiume Granico, Alessandro si mosse verso sud, liberando le città dal giogo persiano. Una formazione persiana molto più grande, comandata da re Dario III, si scontrò con l'esercito macedone a Isso (attuale Turchia). Malgrado i macedoni fossero di gran lunga inferiori come numero, erano però più forti e meglio addestrati. Dario dovette ritirarsi dalla battaglia e abbandonare non solo un notevole tesoro, ma anche la madre, la moglie e due figlie.

▲ Un mosaico romano raffigura Alessandro (a sinistra) che durante la battaglia di Isso trafigge un cavaliere persiano, mentre Dario (all'estrema destra) tenta la fuga sul suo carro.

◀ Alessandro i tenne il suo cavallo, Bucefalo, per 16 anni, con cui combatté tutte le sue battaglie (qui lo si vede nel film *Alexander* del 2004).

L'IMPERO DI ALESSANDRO

356 a.C.	Alessandro nasce a Pella, capitale della Macedonia
336 a.C.	Diventa re dopo la morte di suo padre, Filippo II
334 a.C.	**Vince la prima grande battaglia contro i Persiani sul fiume Granico**
334 a.C.	**Sconfigge il persiano re Dario a Isso**
332 a.C.	Conquista l'Egitto
331 a.C.	**Ottiene una grande vittoria a Gaugamela e conquista l'impero persiano**
327 a.C.	Avanza verso l'India
326 a.C.	**Vince la battaglia dell'Idaspe**
323 a.C.	Muore a Babilonia per una malattia febbrile

GAUGAMELA, 331 A.C.

Da Isso, Alessandro si diresse verso sud e conquistò l'Egitto, assoggettato ai Persiani. Dopo questa vittoria, era pronto a rovesciare anche il resto dell'impero persiano. Le truppe nemiche si affrontarono nell'ottobre del 331 a.C. nell'arida pianura di Gaugamela (odierno Iraq), Dario alla testa di 250.000 uomini, Alessandro di soli 47.000. Eppure, ancora una volta, fu Alessandro ad avere la meglio grazie alla migliore strategia. Dario fuggì e venne ucciso quando Alessandro conquistò la capitale persiana di Susa. L'impero persiano era ora nelle mani di Alessandro.

IDASPE, 326 A.C.

Nel maggio del 326 a.C. Alessandro sfidò l'esercito del re indiano Poro, il rajah del Punjab. I due schieramenti si fronteggiarono sulle rive dell'Idaspe. L'esercito di Alessandro contava 11.000 uomini, Poro aveva invece 30.000 uomini e più di 100 elefanti da guerra che avanzavano schierati, terrorizzando le truppe di Alessandro e calpestando chiunque si trovasse sul loro cammino. Fu una dura e aspra battaglia, ma alla fine Poro fu catturato e il suo esercito sconfitto. Fu l'ultima grande battaglia di Alessandro.

▼ Gli elefanti da guerra indiani correvano veloci e trasportavano sulle loro larghe spalle un gran numero di arcieri. Si spaventavano facilmente, però, e in preda al panico potevano calpestare, uccidendoli, i soldati di entrambi gli schieramenti.

LE GUERRE puniche

Gli imperi di Roma e Cartagine si contesero per oltre un secolo il controllo del Mar Mediterraneo, sfidandosi in tre lunghe e sanguinose guerre, conosciute come guerre puniche. Tra le grandi battaglie che combatterono, una delle più mortali di tutti i tempi fu quella che vide la sconfitta romana a Canne nel 216 a.C.

Prima guerra punica 264-241 a.C.

Quando nel 264 a.C. Roma sfidò Cartagine (Tunisia) per impadronirsi della Sicilia, il suo esercito arrivò presto a controllare l'isola, ma non i mari. Roma allestì allora in gran fretta una flotta di triremi e ideò un ponte con un uncino di ferro detto "a becco di corvo", con cui abbordava le navi. Quando se ne avvicinava una, i Romani calavano il corvo sul ponte avversario e, saliti a bordo, uccidevano i nemici. Grazie a questa innovazione, trionfarono a Milazzo nel 260 a.C. Nel 250 i Romani invasero l'Africa settentrionale per mettere fine alla guerra, ma furono cacciati. I combattimenti si protrassero fino al 241, quando gli avversari raggiunsero un accordo e la Sicilia divenne una provincia romana.

ROMANI CONTRO CARTAGINESI

264-241 a.C.	**Prima guerra punica:** Roma e Cartagine si contendono il controllo della Sicilia. Cartagine viene sconfitta
260 a.C.	La flotta romana vince i Cartaginesi a Milazzo
218-201 a.C.	**Seconda guerra punica:** Cartagine combatte per vendicarsi della precedente disfatta, ma perde ancora
218 a.C.	Annibale infligge una sonora sconfitta ai Romani nei pressi del Trebbia
217 a.C.	Annibale vince una grande battaglia sul lago Trasimeno
216 a.C.	Annibale annienta i Romani a Canne
149-146 a.C.	**Terza guerra punica:** Sopraffatta definitivamente, Cartagine è rasa al suolo

◀ Durante la prima guerra punica, la flotta romana sgomina i Cartaginesi a Milazzo, al largo della costa siciliana.

▶ Nel 218 a.C. Annibale, generale cartaginese, guidò 37 elefanti e un esercito di 30.000 uomini attraverso le Alpi sferrando un attacco a sorpresa contro i Romani.

I ROMANI CHIAMAVANO POENI, PUNICI, CIOÈ "FENICI", I CARTAGINESI, PER QUESTO LE TRE GUERRE CHE COMBATTERONO PRESERO IL NOME DI GUERRE PUNICHE.

Seconda guerra punica
218-201 a.C.

Nel luglio del 216 a.C. i Cartaginesi catturarono un grosso deposito di rifornimenti romani a Canne, nell'Italia meridionale. Un esercito romano di 86.000 soldati si preparò a batterli il 2 agosto, ma mentre le linee romane avanzavano, i cavalieri di Annibale li attaccarono alle spalle. Fu un massacro in cui morirono oltre 50.000 soldati romani.

PROTEZIONE BESTIALE

I Cartaginesi indossavano pettorali elaborati e combattevano con lunghe lance e giavellotti. Entravano in battaglia cavalcando degli elefanti che però, quando si spaventavano, finivano per calpestare i loro stessi soldati. I Numidi, alleati dei Cartaginesi originari dell'Africa settentrionale, montavano cavalli senza sella, guidandoli con piccoli bastoni e con comandi vocali. Gli alleati Celti dalla Francia usavano spade e lance.

Terza guerra punica 149-146 a.C.

Dopo Canne, Cartagine era stanca e logorata, ma per molti Romani era ancora considerata una minaccia. Nel 149 a.C. Roma mandò un grande esercito ad accerchiare la città. L'assedio proseguì incessante per tre anni, fino a che fame e malattia ne indebolirono la resistenza. Nella primavera del 146 a.C., i Romani sfondarono le mura e tutti i 50.000 abitanti si arresero.

▶ Quando i Romani conquistarono Cartagine, rasero al suolo ogni edificio e ridussero in schiavitù i suoi abitanti.

Assedio sul **COLLE**

Su una rocca a 400 metri di altezza rispetto al Mar Morto, in Israele, si erge la fortezza di Masada. Nel 72 d.C., 960 Ebrei ribelli, che combattevano contro i Romani che occupavano il loro territorio, si ritirarono in questo luogo desolato. 15.000 soldati romani cinsero d'assedio la fortezza per cinque mesi, e quando, alla fine, irruppero, il 16 aprile del 73, ciò che videro era orribile.

DESTINAZIONE MASADA

La fortezza di Masada svettava in cima a una collina rocciosa che si elevava 400 m sopra le distese del Mar Morto. La circondava un lungo muro con molte torri, e all'interno vi erano un palazzo, caserme, l'arsenale e un alto numero di depositi. Alcune cisterne raccoglievano l'acqua piovana da bere. L'unico modo di accedere alla fortezza era da tre stretti sentieri che conducevano a porte fortificate.

▼ Le rovine della fortezza di Masada sono diventate patrimonio dell'Umanità UNESCO.

SOTTO ATTACCO, GRUPPI DI SOLDATI ALZAVANO GLI SCUDI INTORNO A LORO, IN UNA FORMAZIONE CHE È DETTA "A TESTUGGINE".

LA RIVOLTA DI BOUDICCA

Nel corso dei secoli l'impero romano dovette affrontare non poche rivolte. Poco prima della ribellione ebraica del 73 d.C., la tribù degli Iceni, guidata dalla regina Boudicca, aveva preso Londra e alcune altre città, ma nel 60 d.C. i Romani contrattaccarono massacrando decine di migliaia di Iceni. Boudicca morì, probabilmente per aver assunto del veleno.

▶ Sulle rive del fiume Tamigi, a Londra (Regno Unito), c'è una statua di Boudicca con le sue figlie.

◀ A Masada ci sono ancora i resti di molti accampamenti romani, in cui si vedono i muri di pietra lungo i quali i soldati eressero le loro tende.

EBREI CONTRO ROMANI

63 a.C.	I Romani occupano la Giudea
37-31 a.C.	Erode il Grande fortifica Masada
6 d.C.	La Giudea diventa una provincia romana
66 d.C.	Rivolta ebraica contro il dominio romano
70 d.C.	I Romani riconquistano Gerusalemme e distruggono il tempio ebraico
72-73 d.C.	**Gli Ebrei ribelli resistono a Masada**
132-136 d.C.	Dopo un'altra rivolta contro i Romani, gli Ebrei vengono pesantemente sconfitti e molti mandati in esilio

PASSO 3: ENTRARE NELLE MURA

Una volta dentro, i Romani scoprirono che il condottiero della rivolta, Eleazar Ben Yair, aveva spinto tutti i suoi sostenitori a suicidarsi. Dei 960 difensori, 953 si erano suicidati. Solo due donne e cinque bambini vennero trovati vivi, nascosti nei cunicoli sotterranei dell'acqua potabile.

▶ La torre d'assedio romana venne lentamente sollevata su una rampa sul lato occidentale di Masada. Una volta in cima costruirono un grosso ariete con cui colpirono ripetutamente il muro, fino a farlo crollare.

▼ La rampa era lunga 600 m e si elevava per oltre 200 m.

PASSO 1: COSTRUZIONE DI UNA RAMPA

Alla fine del 72 d.C., i Romani circondarono Masada e presto capirono che bloccare i ribelli all'interno, cioè tagliando viveri, acqua e le comunicazioni, avrebbe richiesto troppo tempo, perché gli Ebrei si erano trincerati dentro le mura con grande abbondanza di risorse. I Romani avevano bisogno di entrare in fretta, dovevano quindi escogitare un modo per aggirare le difese. Decisero di realizzare un'enorme rampa sul lato occidentale della collina e, pur perennemente sotto attacco, non fermarono i lavori fino a che tale rampa non fu terminata.

PASSO 2: SFONDARE IL MURO!

Per sfondare il muro, i Romani avvicinarono la torre di assedio – davanti alla quale c'era un ariete, e montate in cima vi erano baliste e catapulte che servivano per scagliare delle pietre – fino alla rampa. I soldati che si trovavano all'interno erano protetti da solide pareti di legno.

Terrore dal mare

ANGLOSASSONI CONTRO VICHINGHI

XV sec.	Gli anglosassoni si insediano in Inghilterra
793	I Vichinghi razziano il monastero di Lindisfarne
866	I Vichinghi conquistano l'Inghilterra orientale
878	L'Inghilterra è divisa in due dai Vichinghi
918	I Vichinghi sono scacciati dall'Inghilterra
980	I Vichinghi tornano a saccheggiare l'Inghilterra
991	**Vittoria dei Vichinghi nella battaglia di Maldon**
1016	Il capo vichingo Canuto domina sull'Inghilterra
1066	I discendenti normanni dei coloni vichinghi vincono la battaglia di Hastings e conquistano l'Inghilterra

Dal 793, gli anglosassoni d'Inghilterra si trovarono a dover affrontare una nuova minaccia proveniente dal mare. I Vichinghi invasori scorrazzavano con le loro navi lungo le coste uccidendo e saccheggiando ovunque arrivassero. I difensori anglosassoni erano coraggiosi, ma i Vichinghi più astuti, e così le battaglie si concludevano spesso con delle vere e proprie stragi di anglosassoni. Anche se vi era un alto numero di piccoli regni anglosassoni, solo di rado i loro guerrieri erano in grado di competere con i feroci Vichinghi.

▲ Per intimorire i nemici, i Vichinghi scolpivano sempre sulle prue delle loro navi un drago o una bestia feroce.

Temibili longship

I predoni vichinghi imperversavano per i mari con le loro navi di legno, le longship, che con una lunghezza di oltre 22 m e una larghezza di 5 m, trasportavano equipaggi di una trentina di guerrieri. Le navi avevano scafi poco profondi, così riuscivano a percorrere anche i fiumi verso l'interno del Paese, e per compiere un'incursione, trascinavano le navi fin sulle rive e poco dopo fuggivano a gran velocità!

I VICHINGHI ATTRIBUIVANO UN ALTO VALORE ALLE LORO SPADE, INFATTI DAVANO LORO NOMI TIPO "TAGLIA BRACCIA".

La battaglia di Maldon

Nell'agosto del 991 d.C., una flotta di invasione vichinga salpò per l'Essex, nell'Inghilterra orientale, e sbarcò a Northey Island. I Vichinghi si fecero strada su una lingua di terra percorribile solo con la bassa marea, e quando stavano per raggiungere la terraferma, vennero bloccati da 3000 anglosassoni. Il re vichingo Olaf I Tryggvason – Olaf di Norvegia – chiese loro di passare il ponte senza essere attaccati per potersi confrontare alla pari, e il capo degli anglosassoni, Byrhtnoth, accettò. Una volta sulla terra, i Vichinghi assalirono i nemici e li uccisero tutti.

▼ L'astuzia dei Vichinghi ebbe la meglio quel giorno a Maldon, quando attirarono gli anglosassoni in una battaglia che non avrebbero potuto vincere.

Guerrieri feroci

Predoni vichinghi balzavano fuori dalle loro longship seminando il terrore. Durante le scorrerie facevano razzia di ogni tipo di bottino, ma erano anche alla ricerca di un luogo in cui stanziarsi e di un Paese da dominare. Per loro la gloria era più importante della vita. Prima della battaglia, i guerrieri berserkir – feroci guerrieri scandinavi – con indosso delle pelli di animali, avanzavano gridando e mordendo i loro scudi. Attaccavano il nemico ululando come animali selvaggi.

Lame taglienti

Le principali armi vichinghe erano asce, spade e lance di ferro. Usavano le lunghe spade con lama a doppio taglio per infliggere profonde ferite al nemico, o per pugnalarlo. I cavalieri tenevano le loro lance dal lungo manico sollevate fuori dal muro di scudi. In battaglia i guerrieri scagliavano lance, frecce e asce contro il nemico, proteggendosi con scudi rotondi.

▶ Le asce da battaglia avevano lame di ferro lunghe fino a 30 cm e bastoni di legno lunghi anche 2 m.

Strage di MASSA

I Mongoli erano guerrieri violenti che uccidevano qualsiasi nemico incrociasse la loro strada. Vincendo una battaglia dietro l'altra, diedero vita a un grande impero che si estendeva, da est a ovest, dalla Cina orientale all'Asia e fino al Mar Nero. Nel 1258 gli eserciti mongoli guidati da Hülagü conquistarono Baghdād. La città stava andando incontro a un bagno di sangue.

▲ Gengis Khan era un guerriero senza paura. Nel 1227, alla sua morte, era il capo del più vasto impero della storia.

Il regno di Gengis Khan

I Mongoli erano nomadi che vivevano nelle steppe erbose della Mongolia, al nord della Cina. Il giovane Gengis Khan riunì le tribù guerriere mongole e nel 1206 venne scelto come loro leader. Invase il nord della Cina e presto arrivò a controllare gran parte dell'Asia centrale. Suo figlio Ögödei conquistò la Russia, avanzò verso l'Europa orientale e giunse fino al Mar Mediterraneo.

Guerrieri a cavallo

I Mongoli erano abili cavalieri che montavano robusti cavalli per lunghe distanze. Ciascuno, però, aveva più di un cavallo di ricambio, oltre a quello che montava, e per non stancarlo lo sostituiva spesso. Arcieri provetti, lanciavano frecce a pioggia sui loro nemici, mentre i soldati, dotati di lunghe lance, ingaggiavano combattimenti corpo a corpo.

▶ I guerrieri mongoli indossavano armature di cuoio ed elmi, e per proteggersi avevano piccoli scudi tondi di cuoio.

L'IMPERO MONGOLO

1206	Gengis Khan riunisce le tribù mongole sotto il suo dominio
1211	Gengis Khan invade il nord della Cina
1219	I Mongoli conquistano l'Asia centrale
1237	I Mongoli occupano la Russia
1241	I Mongoli invadono l'Europa orientale e infliggono una grossa sconfitta all'esercito tedesco in Polonia
1258	**Guidati da Hülagü, i Mongoli conquistano Baghdād**
1259	L'Impero mongolo si frammenta in più Stati
1268-1279	Guidati da Kublai Khan, i Mongoli assoggettano la Cina meridionale

La presa di Baghdād

Nel 1256, Hülagü, il nipote di Gengis Khan, guidò le sue truppe alla volta di Baghdād. Il califfo si rifiutò di accettare la dominazione mongola e sprangò le porte della città. Nel frattempo, un'altra forza mongola attirava una divisione musulmana su un terreno paludoso: rotte le dighe del fiume Eufrate, fece annegare tutti gli avversari.

▲ Hülagü dominò sui Mongoli dal 1256 fino al 1265, anno della sua morte. Durante il suo regno, il suo esercito occupò Baghdād e gran parte del Medio Oriente.

▲ I Mongoli assediarono la città e, una volta dentro le mura, appiccarono il fuoco, riducendo in cenere tutti gli edifici.

Assedio mortale

Hülagü circondò Baghdād e nel febbraio del 1258 l'esercito mongolo fece irruzione, costringendo il califfo ad arrendersi e massacrando tutti i 90.000 abitanti. Il califfo fu risparmiato fino a che non rivelò dove si trovasse il tesoro nascosto, e solo allora, arrotolato in un tappeto, venne fatto calpestare a morte dai cavalli.

▲ Anche se in netta minoranza, l'esercito dei Minamoto tese un'imboscata al clan Taira, riuscendo così ad avere la meglio nella battaglia di Kurikara.

Scaltri samurai

Samurai, un nome che seminava il terrore tra i nemici. Questi abili guerrieri giapponesi combattevano e morivano per i loro padroni. Si buttavano in battaglia sui loro cavalli, ma spesso scendevano per ingaggiare un violento combattimento uno contro uno e lottando fino alla morte. Il vincitore tagliava la testa all'avversario come prova di coraggio e abilità.

Guerra a Kurikara

Nel 1183, il grande esercito dei Taira, composto da 100.000 uomini, avanzò verso nord per incontrare il clan rivale dei Minamoto, molto più piccolo, a Kurikara. Prese posizione in cima a un passo di montagna e diede inizio a un interminabile duello di tiro con l'arco con l'esercito dei Minamoto schierato nella valle sottostante. Nel frattempo, però, alcuni soldati Minamoto strisciarono alle spalle degli avversari circondandoli e lanciando contro di loro una mandria di buoi con torce accese legate alle corna. In preda al panico, i Taira fuggirono da ogni parte e molti morirono precipitando dai sentieri di montagna. Gli altri furono massacrati. I Minamoto, vittoriosi, presero il controllo del Giappone.

Guerrieri combattenti

I samurai erano una classe di guerrieri d'élite con un rigido codice di condotta morale noto come *bushido*, che indicava loro come comportarsi nella vita. La battaglia era spesso causata da un litigio tra clan rivali. Quando le due parti si fronteggiavano, gli eserciti seguivano una rigorosa sequenza. Innanzi tutto, i due più forti di ognuna delle due parti si avvicinavano a cavallo e iniziavano a combattere prima a cavallo, poi scendevano e proseguivano la lotta con un corpo a corpo. Solo più tardi scoppiava il vero e proprio scontro che coinvolgeva entrambi gli eserciti.

◀ Nel corpo a corpo, i samurai combattevano con le *Katana*, spade che avevano lame lunghe e ricurve.

MINAMOTO CONTRO TAIRA

1180-1185	Guerra Gempei tra i clan Taira e Minamoto
1183	**Battaglia di Kurikara vinta dall'esercito dei Minamoto**
1192	Minamoto no Yoritomo fonda lo shogunato Kamakura, la prima dittatura militare in Giappone
1274	La flotta mongola invade il Giappone
1281	La seconda invasione mongola viene fermata
1867	Quando il Giappone inizia a riformare il suo governo, viene soppresso lo shogunato
1873	La classe dei samurai viene infine abolita.

Lame d'acciaio

Le spade erano le principali armi utilizzate dai samurai. La più importante spada da combattimento, con la sua lunga lama ricurva, si chiamava *katana*. Veniva tenuta con il bordo tagliente verso l'alto, per infliggere al primo colpo una ferita al nemico. Le lame erano in acciaio, magistralmente lavorate per renderle più robuste e affilate possibile. I samurai portavano anche una spada corta, detta *tanto*, oltre che coltelli e pugnali. Robuste armature imbottite proteggevano i loro corpi dagli assalti.

◀ Le *tsuba* erano protezioni metalliche all'estremità del manico per far sì che la mano dello guerriero non scivolasse sulla lama.

▲ Le *katana* erano un bene prezioso a cui i proprietari assegnavano nomi dall'alto significato simbolico.

Invasioni mongole

Nel novembre del 1274, una flotta di invasione di 900 navi che trasportava 40.000 soldati mongoli giunse fino alla baia di Hakata, al largo della costa giapponese. I Mongoli erano arrivati per attaccare i samurai con schiere compatte di arcieri. I samurai stavano ormai rendendosi conto dell'imminente disfatta quando, inaspettatamente, l'esercito avversario si ritirò, per ritornare nel 1281 con 150.000 soldati. Questa volta, però, le forze di difesa costiera erano pronte e i samurai respinsero i Mongoli al largo della costa. Poi, poco prima di sferrare la grande offensiva, un tifone noto come *kamikaze*, ossia "vento divino", affondò l'intera flotta avversaria. I Mongoli non avrebbero mai più tentato di invadere il Giappone.

▶ i samurai erano arcieri provetti. L'arco, chiamato ***yumi***, scagliava frecce fino a distanze di 370 m.

100 anni di guerra

La guerra più lunga della storia – conosciuta come la guerra dei cent'anni – ebbe inizio nel 1337 e si concluse nel 1453, per un totale di 116 anni. Scoppiò quando Edoardo III d'Inghilterra rivendicò il trono di Francia. Dopo molte sanguinose battaglie, la guerra finì con la cacciata degli inglesi dalla Francia.

Crécy, 1346

La prima grande battaglia della guerra ebbe luogo vicino a Crécy, nel nord della Francia. Il piccolo esercito inglese prese posizione su un pendio, e quando l'esercito francese, molto più numeroso, arrivò dopo una lunga marcia, era stanco e bagnato. Con le facce rivolte al Sole, i balestrieri francesi furono i primi a sparare, ma la pioggia di dardi aveva gittata corta e così furono presto sbaragliati dagli arcieri inglesi. Successivamente, la cavalleria francese si lanciò all'assalto, senza però riuscire a rompere gli schieramenti inglesi. Caddero almeno 4000 francesi e solo 200 inglesi.

▲ I francesi usavano le balestre: erano letali, ma lente quando si trattava di caricare e sparare. Gli inglesi, invece, preferivano

Poitiers, 1356

La seconda vittoria inglese, ottenuta a Poitiers, nella Francia occidentale, risale al 1356. Gli inglesi presero posizione dietro una grande siepe che presentava uno stretto varco attraverso cui avrebbero potuto passare, al passo, solo quattro cavalieri alla volta. Un po' alla volta i cavalieri francesi vi si avvicinarono, ma i loro cavalli furono abbattuti dagli arcieri inglesi. Alla fine, l'esercito inglese si lanciò contro i francesi attaccandoli alle spalle.

▶ A Poitiers, re Giovanni II di Francia si arrese a Edoardo, il Principe Nero, comandante dell'esercito inglese.

Azincourt, 1415

Dopo una lunga pausa, Enrico V d'Inghilterra, tornato a rivendicare il trono francese, salpò per la Francia. Un esercito inglese composto da 6000 soldati, esausto, affrontò 20.000 francesi. Gli inglesi si accamparono nei boschi, nei pressi di una strada stretta. Quando i cavalieri e i fanti francesi si ritrovarono impantanati nel terreno fangoso, gli inglesi attaccarono, sgomberando il campo. Fu l'ennesima vittoria, che costò la vita a oltre 5000 soldati francesi, contro i 300 inglesi.

▶ Prima dell'inizio della battaglia di Azincourt, Enrico V d'Inghilterra e il suo esercito pregarono per la vittoria.

Protezione d'acciaio

I cavalieri avevano le armi e armature migliori ed erano i combattenti più esperti e qualificati di un esercito. I primi cavalieri indossavano cotte di maglia metallica, ma i nemici impararono presto a trafiggerle. Nel XIV secolo, prese piede l'armatura a piastre, che era molto più difficile da penetrare con spade e frecce. Era composta, appunto, da piastre di acciaio sagomato per adattarsi alla forma del corpo. Anche l'elmo era in metallo, con una visiera incernierata che poteva essere abbassata e sollevata. Un'armatura completa arrivava a pesare anche 25 kg.

◀ Un'armatura proteggeva il corpo, le braccia e le gambe. Malgrado fosse pesante, era abbastanza flessibile perché il cavaliere potesse flettersi e girarsi.

GUERRA DEI CENTO ANNI

1337	Edoardo III d'Inghilterra rivendica il trono francese e dichiara guerra
1340	Vittoria inglese nella battaglia navale a Sluis
1346	**Vittoria degli inglesei a Crécy**
1347	Conquista inglese di Calais dopo lungo assedio
1356	**Trionfo degli inglesi a Poitiers, che prendono prigioniero il re francese**
1360	Breve tregua, grazie al il trattato di Brétigny: gli inglesi prendono il controllo di parte della Francia meridionale
1369	Ripresa dei combattimenti: i francesi cercano di scacciare gli inglesi dalla Francia
1415	**Enrico V torna a rivendicare il trono e vince a Azincourt**
1420	Enrico V è il nuovo erede al trono di Francia, ma muore nel 1422
1429	Giovanna d'Arco pone fine all'assedio di Orléans
1453	Fine della guerra: gli inglesi controllano solo Calais, che terranno fino al 1558

CONTRO ogni previsione

La caduta dell'impero inca per mano degli spagnoli nel 1532 fu un evento straordinario. Armati di pistole e dotati di cavalli – sconosciuti entrambi agli Inca – neanche 200 spagnoli travolsero un esercito di oltre 40.000 uomini e presto conquistarono un impero che contava 12 milioni di persone.

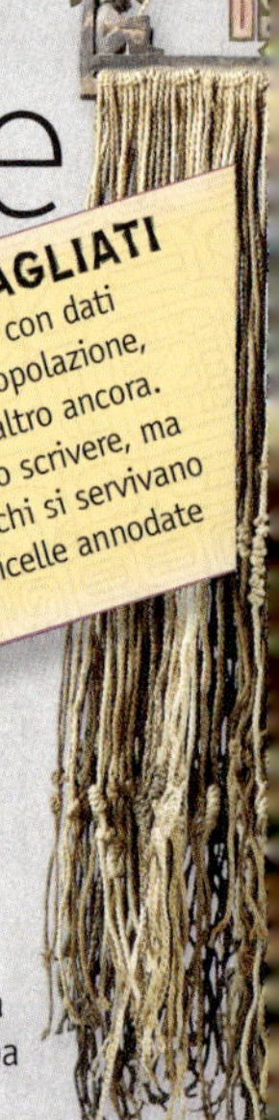

REGISTRI DETTAGLIATI

Gli Inca tenevano registri con dati dettagliati relativi alla popolazione, ai raccolti, alle tasse e altro ancora. Non sapevano leggere o scrivere, ma per compilare gli elenchi si servivano di un sistema di cordicelle annodate e colorate, il *quipu*.

UN GRANDE IMPERO

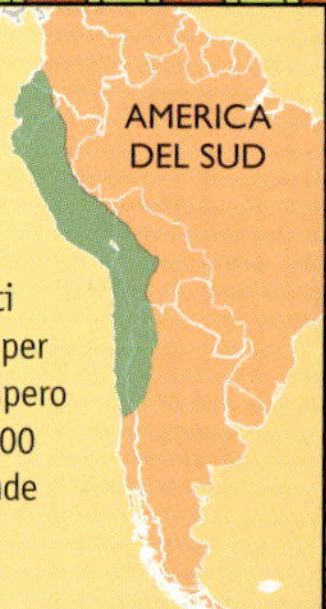

L'impero degli Inca si estendeva verso sud, sulla costa occidentale dell'America meridionale, da quello che oggi è l'Ecuador, a nord, al Cile, a sud. Gli Inca erano agricoltori esperti che terrazzavano le loro ripide colline per coltivare i campi. Il lungo e stretto impero era collegato da una rete di oltre 20.000 km di strade: si trattava della più grande rete stradale dopo quella dell'impero romano, 1000 anni prima.

La conquista di un impero

Nel 1532 si concluse la lunga guerra civile che aveva sfiancato e indebolito l'impero inca. Il conquistatore spagnolo Pizarro riuscì ad avanzare senza difficoltà con i suoi 178 uomini e la mattina del 16 novembre incontrò il sovrano inca Atahualpa e i suoi 40.000 uomini a Cajamarca (Perù). Gli spagnoli aprirono il fuoco e catturarono Atahualpa. Per liberarlo, richiesero in cambio una stanza piena d'oro, ma una volta ottenuto il riscatto, lo uccisero. Pizarro marciò quindi verso Cuzco, la capitale, che riuscì a prendere senza neanche dover combattere.

▼ Il piccolo esercito spagnolo usava armi decisamente superiori come spade d'acciaio, elmetti e armature, oltre a piccoli cannoni, con cui sopraffece i soldati inca, che erano invece inermi, con solo un'armatura di cuoio.

▲ Diretto a Cajamarca, Pizarro guidò la spedizione attraverso le Ande. Comandante coraggioso, la sua determinazione gli consentì di conquistare un impero davvero esteso.

TRIONFO CON OSTACOLI

Francisco Pizarro, nato in Spagna tra il 1470 e il 1480, era di umili origini e non imparò mai a leggere o scrivere. Salpò per un paio di spedizioni per l'America del Sud prima di guidarne due alla conquista dell'impero inca, una nel 1524 e l'altra nel 1526, ma nessuna delle due ebbe esito positivo. Dopo che ebbe scoperto oro e pietre preziose nel nord del Perù, volle fare un terzo tentativo nel 1532, che stavolta ebbe successo. Nel 1541 morì durante una colluttazione.

▼ Malgrado la sonora sconfitta del 1532, gli Inca non smisero di resistere al dominio spagnolo. Insorsero nel 1536 e continuarono a lottare contro gli invasori fino all'uccisione del loro capo nel 1572.

Armati per combattere

Gli spagnoli combatterono contro gli Inca con balestre, spade e archibugi – che usavano una miccia per innescare la carica e sparare la palla di metallo. Ma, soprattutto, avevano cavalli, animali sconosciuti agli Inca i quali, disarmati, reagivano scagliando pietre.

LA CONQUISTA DEL MESSICO

Circa 11 anni prima che gli spagnoli assoggettassero l'impero degli Inca, avevano ottenuto una vittoria simile su un altro vastissimo impero, migliaia di chilometri più a nord. Nel 1519 Hernán Cortés era partito con 600 uomini e 17 cavalli all'esplorazione della penisola messicana dello Yucatán, per conto della Corona di Spagna e nel giro di due anni aveva preso il controllo del potente impero azteco e soggiogato Tenochtitlán, la capitale.

▼ La capitale azteca di Tenochtitlán si trovava su un'isola al centro del lago di Texcoco, nel Messico centrale.

SPAGNOLI CONTRO INCA

1531	Francisco Pizarro approda a Tumbes, nell'impero inca, e da qui parte per incontrare Atahualpa
1532	La guerra civile dell'impero inca si conclude con la vittoria di Atahualpa su suo fratello
15 novembre	Pizarro arriva a Cajamarca
16 novembre	**I soldati di Pizarro travolgono gli Inca e Atahualpa è preso in ostaggio**
26 luglio 1533	Pagato il riscatto, Atahualpa è ucciso dagli spagnoli
1534	Pizarro fa il suo ingresso a Cuzco e prende il controllo dell'impero degli Inca

L'invincibile Armata

Nel maggio del 1588 una grande flotta di invasione salpò per ordine del potente sovrano spagnolo Filippo II. La cosiddetta Invincibile Armata era composta da 130 navi equipaggiate con 2500 cannoni e trasportava 30.000 tra soldati e marinai. Contava anche grandi navi da guerra, come i galeoni e le galee. Era diretta in Inghilterra, dove aveva l'incarico di rovesciare la regina Elisabetta I e conquistare tutto il Paese.

Navi malconce

L'Invincibile Armata fu avvistata per la prima volta al largo della costa meridionale inglese il 29 luglio 1588. Il 7 agosto, otto navi inglesi furono date alle fiamme e lanciate contro la flotta spagnola, costringendola a tagliare le corde delle loro ancore e fuggire. Il giorno successivo le armate navali nemiche si affrontarono a Gravelines, nel nord della Francia. Cinque navi spagnole furono affondate o catturate in una battaglia durata otto ore. L'Invincibile Armata, che aveva subito gravi danni, fu sospinta verso nord, dove fu dispersa da una serie di tempeste. La minaccia per l'Inghilterra era finita.

▼ L'Invincibile Armata navi in formazione compatta il canale della Manica ma fu attaccata dalle navi ingles lungo il percorso.

▲ Elisabetta fu incoronata regina d'Inghilterra nel gennaio del 1559. Non si sposò mai, malgrado fosse molto amata dai suoi sudditi.

LA REGINA NEMICA

Elisabetta I salì sul trono d'Inghilterra nel 1558 dopo la morte di sua sorella Maria I, che era stata la moglie di Filippo II di Spagna, oltre che una cattolica romana devota, mentre Elisabetta era protestante, e proprio per questo nemica della cattolicissima Spagna. Elisabetta appoggiò i corsari che catturavano le navi del tesoro spagnole e inviò aiuti agli olandesi nella loro lotta per l'indipendenza dal dominio spagnolo. Elisabetta regnò sull'Inghilterra fino alla morte, nel 1603.

SPAGNOLI CONTRO INGLESI

1556	Filippo II sale al trono di Spagna
1558	Elisabetta I diventa regina d'Inghilterra
1585	Elisabetta aiuta i ribelli olandesi a lottare contro il dominio spagnolo
1587	Elisabetta giustizia la sua rivale al trono, Maria, la cattolica regina di Scozia
29-30 aprile	Drake attacca la flotta spagnola a Cadice
28 maggio 1588	L'Invincibile Armata salpa verso l'Inghilterra
29 luglio	L'Invincibile Armata è avvistata al largo della penisola di Lizard (Cornovaglia)
6 agosto	L'Invincibile Armata getta l'ancora al largo di Calais
7 agosto	L'Inghilterra invia otto navi incendiarie a spezzare la flotta spagnola
8 agosto	**Battaglia di Gravelines**
9 agosto	Il vento spinge l'Invincibile Armata verso nord
1598	Filippo muore
1603	Elisabetta muore

Naufragio!

Gli inglesi inseguirono l'Invincibile Armata nel Mare del Nord fino in Scozia, e da lì girarono attorno alle isole britanniche, per scendere dall'Oceano Atlantico e arrivar in Spagna. A causa di una serie di tempeste che flagellò le coste scozzesi e irlandesi, oltre 50 navi fecero naufragio e almeno 20.000 uomini persero la vita. Solo 67 imbarcazioni riuscirono a far ritorno in Spagna.

▼ Le navi inglesi piccole e veloci che trasportavano cannoni a lunga gittata inseguivano e sconfiggevano i grandi galeoni spagnoli.

▲ Francis Drake fu nominato cavaliere dalla regina Elisabetta nel 1581 a bordo del *Golden Hind*, con cui aveva fatto il viaggio intorno al mondo.

I PIRATI DELLA REGINA

I marinai inglesi, in particolare Francis Drake, attaccavano regolarmente i galeoni spagnoli carichi di oro provenienti dal Nuovo Mondo (le Americhe). Nell'aprile del 1587 Drake attaccò il porto di Cadice e distrusse gran parte della flotta spagnola che si stava preparando a unirsi all'Invincibile Armata, ritardando la partenza di quasi un anno.

La battaglia DI ALAMO

La battaglia di Alamo del 1836 non coinvolse grossi eserciti né comportò un gran numero di morti. Solo 189 texani furono posti sotto assedio da 1500 soldati messicani. I difensori persero tutti la vita, ma la causa per la quale avevano combattuto – l'indipendenza del Texas dal dominio messicano – si sarebbe presto conclusa con una vittoria.

Fort Alamo

Nel 1836 i combattimenti tra Messico e Texas si fecero via via sempre più aspri, finché alcuni volontari texani cacciarono i messicani da San Antonio (Texas) e occuparono il forte di Alamo, una vecchia missione cattolica. Il comandante texano Sam Houston, resosi conto che la loro posizione era troppo esposta, li esortò a ritirarsi, ma si rifiutarono.

◀ 1500 soldati messicane avanzarono verso Alamo armati di fucili e moschetti.

MESSICANI CONTRO TEXANI

1740-1750	Hanno inizio i lavori di costruzione di Alamo
1830	Dopo che i migranti statunitensi si riversano in Texas, il Messico si chiude il confine Texas-USA
1835	Il Messico revoca i diritti di cui gode il Texas, che insorge e scaccia dallo Stato le truppe messicane
23 febbr.-6 mar 1836	**Battaglia di Alamo**
2 marzo 1836	Il Texas dichiara la sua indipendenza dal Messico
21 aprile 1836	Sam Houston sconfigge i messicani a San Jacinto
1845	il Texas viene annesso agli Stati Uniti

L'EROE DI ALAMO

Davy Crockett (1786-1836) è un popolare eroe statunitense, noto a milioni di persone con l'epiteto di "Re della frontiera selvaggia". Nato nelle campagne del Tennessee, si guadagnò una reputazione per la sua capacità oratoria. Nel 1826 divenne membro del Congresso degli Stati Uniti, ma nel 1835 fu sconfitto alle elezioni. Scoraggiato, si unì ai ribelli che lottavano per l'indipendenza texana e fu uno degli uomini uccisi ad Alamo.

▶ Crockett divenne celebre come autore nella letteratura di "frontiera" e come soldato, e più tardi anche come politico.

FINO ALLA MORTE

Il 23 febbraio un piccolo esercito messicano raggiunse San Antonio e assediò Alamo per 13 giorni. Nelle prime ore del 6 marzo diede inizio all'attacco quando i texani dormivano ancora: si svegliarono subito, e iniziarono a sparare contro il nemico che avanzava, ma la loro lotta era senza speranza. Nel giro di 90 minuti tutti i 189 difensori del forte persero la vita.

▼ Mentre i difensori texani sparavano oltre i muro, alcuni uomini dietro di loro ricaricavano i fucili.

DICHIARAZIONE DI INDIPENDENZA

Mentre l'assedio di Alamo proseguiva incessante, il Texas dichiarò la sua indipendenza dal Messico. Nell'aprile del 1836 il comandante texano Sam Houston sconfisse l'esercito messicano a San Jacinto e il Texas divenne una repubblica indipendente, rimanendo tale fino all'annessione degli Stati Uniti nel 1845, quando divenne il ventottesimo Stato dell'Unione.

Ultima RESISTENZA

Nell'Ottocento, il governo degli Stati Uniti tentò di confinare i Sioux in riserve speciali, ma i nativi continuarono a cacciare i bufali nelle Black Hills del Dakota. Quando i cercatori americani arrivarono in questi territori in cerca dell'oro, i Sioux si sentirono minacciati e il 25 giugno 1876 reagirono nei pressi del Little Bighorn, scatenando una delle più famose battaglie mai combattute sul suolo americano.

La battaglia fatale

Il 25 giugno 1876 George Custer e 210 uomini del 7° reggimento di cavalleria stavano sorvegliando la zona nei pressi del fiume Little Bighorn, nel Montana, quando avvistarono alcuni accampamenti Sioux. Contravvenendo agli ordini, attaccarono immediatamente. Custer si ritrovò sotto feroce attacco da parte di 2500 Sioux che sparavano raffiche di frecce contro di loro e ordinò ai suoi uomini di uccidere i cavalli per formare una barriera con i loro corpi. Era troppo tardi, però: neanche un cavaliere fu risparmiato.

I Sioux

Quelle dei Lakota e dei Dakota erano tribù di nativi americani conosciute anche col nome di Sioux, dalla parola della lingua locale Chippewa che significava "nemico". Vivevano nelle Grandi Pianure occidentali, in quelli che sono oggi gli Stati del Dakota, del Minnesota e del Montana. Un popolo guerriero, erano cavalieri provetti, che scagliavano le loro frecce con grande precisione senza mai smettere di galoppare. Usavano pesanti mazze di pietra, tomahawk o asce e coltelli da scalpo, e si proteggevano con degli scudi.

▲ Per combattimenti ravvicinati, i Sioux usavano delle asce con una lama di metallo.

Capi guerrieri

Cavallo Pazzo (1840-1877 circa) e Toro Seduto (1831-1890 circa) guidarono le loro tribù nelle lotte contro l'esercito degli Stati Uniti e i coloni bianchi. Volevano arrestare la conquista delle terre dei Sioux – cacciare i bufali era fondamentale per la loro sopravvivenza – e per questo intrapresero una serie di battaglie. Cavallo Pazzo voleva la pace e voleva anche essere lasciato in pace.

◀ Il capo sioux, Toro Seduto, guidò la sua gente fino alla vittoria sul fiume Little Bighorn, in cui la cavalleria statunitense subì una grave disfatta.

I GUERRIERI SIOUX RIUSCIVANO A STARE APPESI SUL FIANCO DI UN CAVALLO AL GALOPPO, USANDO IL CORPO DELL'ANIMALE COME SCUDO.

SIOUX CONTRO AMERICANI

1874	La scoperta dell'oro nelle Black Hills porta a una nuova corsa all'oro
1875	Il governo degli Stati Uniti ordina ai Sioux di spostarsi in una riserva protetta
18 giugno 1876	Le truppe statunitensi arrivano in zona per rafforzare l'ordine nella riserva, ma vengono attaccate da Cavallo Pazzo sul fiume Rosebud
25 giugno 1876	**Custer e 210 uomini uccisi a Little Bighorn**
1876-1877	La cavalleria degli Stati Uniti batte i Sioux
Maggio 1877	Crazy Horse si arrende
Giugno 1881	Toro Seduto si arrende
1890	Fine della resistenza dei Sioux nella battaglia di Wounded Knee

▼ Ai Sioux ci volle poco più di un'ora per sconfiggere Custer e i suoi uomini nella battaglia del Little Bighorn.

Alla guida degli Stati Uniti

George Custer (1839-1876) prestò servizio nell'esercito dell'Unione e si distinse nella guerra civile americana. A 23 anni divenne uno dei più giovani generali dell'esercito unionista e, dopo la fine della guerra, promosso al grado di tenente colonnello, rimase nell'esercito per combattere i nativi americani con la cavalleria degli Stati Uniti.

◀ Nonostante la sua grande abilità, Custer fu battuto in astuzia dai Sioux sul Little Bighorn, in quella che venne definita l'ultima resistenza di Custer.

La cavalleria statunitense

Nata dopo la guerra civile americana nel 1865, la cavalleria degli Stati Uniti aveva lo scopo di proteggere i coloni bianchi negli Stati occidentali contro le tribù locali. In quelle zone la cavalleria scortava i coloni, presidiava i forti e reagiva agli attacchi dei nativi americani.

La cavalleria degli Stati Uniti combatteva con fucili Spencer e pistole Colt.

Potere ZULU

Mentre gli inglesi espandevano il loro impero in tutta l'Africa meridionale, entrarono in contatto con gli Zulu, abili guerrieri il cui coraggio e la cui disciplina compensavano abbondantemente la loro mancanza di armi moderne. Nel 1879 i due le parti entrarono in conflitto.

▲ Scarsamente armate, le truppe britanniche furono sopraffatte dai forti Zulu.

Grave disfatta

Nel gennaio del 1879, un esercito britannico guidato da Lord Chelmsford invase il regno Zulu. Chelmsford divise in due il suo esercito, lasciando accampati a Isandhlwana 800 soldati britannici e 1000 delle truppe coloniali africane. Il 22 gennaio, 20.000 Zulu attaccarono il campo. Fu un massacro che costò la vita a oltre 1300 uomini tra regolari e coloniali. Gli Zulu ne persero un migliaio. Fu una delle peggiori sconfitte mai subite dall'esercito britannico.

◀ Le truppe britanniche regolari indossavano le tradizionali uniformi rosse e avevano fucili a baionetta.

Forze britanniche

L'esercito britannico era costituito da truppe volontarie che normalmente servivano dai quattro agli otto anni, con un massimo di ventun anni. I soldati, che dovevano avere un livello base di istruzione, ricevevano un salario giornaliero.

Guerrieri a piedi nudi

A 18 anni, i giovani Zulu diventavano guerrieri, addestrandosi in finti combattimenti, marce forzate e manovre militari. Si gettavano in battaglia lottando a piedi nudi, scagliando lance contro il nemico e poi attaccando a distanza ravvicinata con mazze di legno e corte lance affilate. Non avevano l'abitudine di prendere prigionieri, ma uccidevano gli avversari e aprivano i loro corpi per liberare gli spiriti.

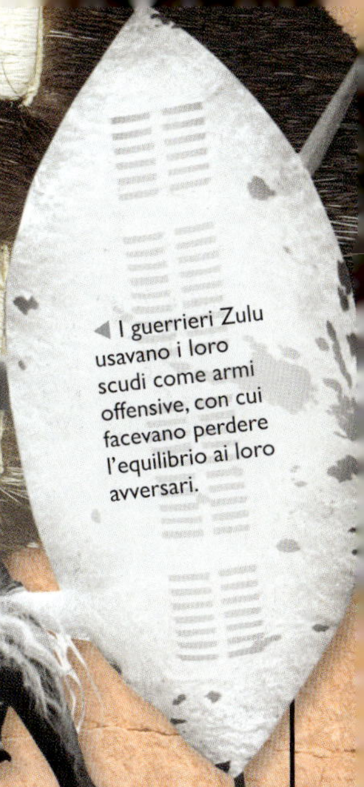

◀ I guerrieri Zulu usavano i loro scudi come armi offensive, con cui facevano perdere l'equilibrio ai loro avversari.

▼ Un piccolo contingente britannico difese eroicamente Rorke's Drift contro un esercito molto più grande di Zulu.

Rorke's Drift

La sera della battaglia principale, un contingente di 140 soldati britannici, che stavano difendendo un fiume vicino al guado di Rorke's Drift, fu attaccato da 4000 Zulu. Gli inglesi eressero rapidamente una barricata di carri e sacchi di grano e riuscirono a cacciare gli Zulu con le lunghe baionette contro le lance degli avversari. Gli Zulu continuarono a caricare per tutta la notte, ma in mattinata si ritirarono. Solo 17 soldati britannici e 350 Zulu persero la vita. Ai difensori britannici furono assegnate ben 11 Victoria Cross, la più alta medaglia al valore.

INGLESI CONTRO ZULU

1816	Shaka, il capo supremo degli Zulu, forma un esercito
Dicembre 1878	Gli inglesi lanciano un ultimatum al re Zulu Cetshwayo chiedendogli di accettare il dominio britannico
22-23 genn. 1879	**Gli inglesi li invadono, ma gli Zulu li sconfiggono a Isandhlwana, poi gli inglesi li respingono a Rorke's Drift**
Marzo 1879	Gli inglesi subiscono altre sconfitte
4 luglio 1879	L'esercito britannico, fortemente rinforzato, sconfigge gli Zulu a Ulundi, mettendo fine alla loro autonomia

GUERRA di trincea

La battaglia della Somme è passata alla storia come una delle più sanguinose di sempre. Nel 1916 l'esercito inglese decise di sfondare il fronte tedesco che si trovava nei pressi del fiume Somme, nel nord della Francia. Tuttavia, il primo giorno della battaglia, l'1 luglio, gli inglesi subirono una sconfitta devastante.

Rompere le righe

Il 26 giugno, con un enorme dispiegamento di artiglieria, gli inglesi abbatterono le difese nemiche, ma molti colpi non esplosero: gli artiglieri inglesi non si erano resi conto che i tedeschi avevano rinforzato le difese con del cemento, che i proiettili leggeri non riuscivano a scalfire.

▲ Un obice inglese da 8 pollici sparò un proiettile di oltre 90 kg a una distanza di quasi 10 km.

Guerra di trincea

Alla fine del bombardamento, l'1 luglio, i tedeschi emersero dai loro sicuri rifugi scavati in profondità nelle trincee e ripresero le mitragliatrici. Le truppe inglesi avanzarono, pensando che i tedeschi fossero stati annientati, e invece caddero sotto il fuoco tedesco: in soli dieci minuti persero la vita 622 uomini. Il primo giorno, 57.470 militari inglesi furono uccisi o feriti. Al termine della battaglia, in novembre, la conta dei morti o feriti superava 1,2 milioni di uomini, di entrambi gli schieramenti. Nessuno dei due fronti riuscì a guadagnare terreno.

ESERCITO INGLESE

All'inizio della guerra, l'esercito inglese consisteva in gran parte di volontari che si arruolavano per combattere contro i tedeschi. Nel 1916 vennero aggiunti i coscritti, uomini obbligati a entrare nell'esercito. L'arma standard era il fucile Lee-Enfield, con una baionetta sull'estremità. I soldati usavano granate e mortai contro le trincee nemiche.

◄ Entrambi gli eserciti scavarono profonde trincee difensive lungo il fronte occidentale e costruirono dei gradini per consentire ai soldati di arrivare al bordo della trincea e da lì sparare senza esporsi troppo.

ESERCITO TEDESCO

In tempo di pace, qualsiasi tedesco maschio tra i 17 e i 45 anni svolgeva servizio militare. Durante la guerra, tali coscritti divennero soldati effettivi molto disciplinati. Erano istruiti e addestrati meglio dei loro avversari. I tedeschi furono i primi a scavare le trincee, che dotarono persino di elettricità e acqua corrente.

…GNO DEL 1917 GLI INGLESI POSIZIONARONO 453.600 KG DI ESPLOSIVO SOTTO LE LINEE TEDESCHE A MESSINES. L'ESPLOSIONE UCCISE 10.000 TEDESCHI E FU TALMENTE FORTE DA ESSERE SENTITA FINO A LONDRA, A 210 KM DI DISTANZA.

▶ I soldati tenevano le teste basse mentre sparavano con la mitragliatrice, perché il nemico rispondeva immediatamente al fuoco.

IMPERI CENTRALI CONTRO ALLEATI

Agosto 1914	Quando la Germania invade Belgio e Francia, in Europa scoppia in conflitto: Germania, Austria-Ungheria e Turchia (Imperi Centrali) contro Gran Bretagna, Francia e Russia (Alleati))
Sett. 1914	L'avanzata tedesca in Francia si ferma sul fiume Marna
Aprile 1915	Grande battaglia a Ypres, in Belgio
Febbr 1916	I tedeschi iniziano un massiccio attacco contro la città francese di Verdun
Luglio 1916	**Battaglia della Somme**
Sett 1916	Per la prima volta gli inglesi usano carri armati in battaglia
Aprile 1917	Gli Stati Uniti entrano in guerra a fianco della Gran Bretagna e della Francia
Luglio 1917	Battaglia a Passchendaele
Marzo 1918	Avanzata tedesca in Francia
Luglio 1918	L'avanzata tedesca viene fermata
11 nov 1918	Tedeschi e Alleati si accordano per un armistizio mettendo fine ai combattimenti e alla guerra

Colpo mortale

Su entrambi i fronti si usavano le letali mitragliatrici. Queste armi, come la Vickers inglese e la Hotchkiss francese, erano montate su treppiedi e potevano sparare fino a 450 proiettili al minuto. Venivano usate però anche mitragliatrici più leggere e maneggevoli.

TIRATORI SCELTI

Durante la seconda guerra mondiale, la battaglia per Stalingrado, nella Russia meridionale, segnò una svolta. Fino ad allora i tedeschi avevano solo ottenuto vittorie, ora invece si trovarono davanti al nemico sovietico, determinato a ogni costo a non perdere la città. I combattimenti, che proseguirono incessanti per sei mesi, durante i quali si persero molte vite umane, si conclusero con la schiacciante sconfitta dei tedeschi.

LA BATTAGLIA DI STALINGRADO

Nell'agosto del 1942 i soldati tedeschi assediarono la città di Stalingrado, costringendo i difensori sovietici ad arretrare in una sottile striscia di edifici lungo la riva occidentale del fiume Volga. A novembre, i sovietici reagirono circondando le forze tedesche. Dopo combattimenti molto pesanti, nel febbraio del 1943 i tedeschi si arresero. Circa 750.000 soldati tedeschi erano stati uccisi o feriti. I sovietici persero 1,1 milioni di uomini.

▶ Migliaia di soldati sovietici vennero catturati dai tedeschi durante la loro avanzata verso Stalingrado.

OPERAZIONE BARBAROSSA

Il 22 giugno 1941, un anno prima di Stalingrado, la Germania invase l'Unione Sovietica con un esercito di oltre 3 milioni di uomini, 3000 carri armati e 2500 aerei. I sovietici furono colti di sorpresa, e in pochi giorni la loro forza aerea fu annientata e 600.000 soldati vennero uccisi o presi prigionieri.

▶ Le truppe sovietiche lanciavano granate contro i soldati tedeschi che si erano rifugiati negli edifici di Stalingrado.

TEDESCHI CONTRO SOVIETICI

22 giugno 1941	La Germania e i suoi alleati invadono l'Unione Sovietica
15 sett. 1941	I tedeschi tengono Leningrado (odierna San Pietroburgo) sotto assedio per 900 giorni
23 nov. 1941	I tedeschi avanzano verso Mosca
19 agosto 1942	**Attacco di Stalingrado da parte delle truppe tedesche**
23 nov. 1942	L'esercito sovietico accerchia quello tedesco a Stalingrado
2 febbr. 1943	I tedeschi si arrendono a Stalingrado

I CECCHINI

Negli edifici in rovina di Stalingrado, tiratori scelti di entrambi i fronti colpivano a uno a uno i soldati nemici e arrivavano persino a combattersi tra loro dai diversi piani di uno stesso edificio. I cecchini sovietici che riuscivano a eliminare 40 tedeschi ricevevano medaglie al coraggio e il titolo di "nobile cecchino".

▼ Circa 4000 carri armati sovietici presero parte alla battaglia per fermare l'assedio tedesco di Stalingrado.

▼ Il mirino telescopico di un fucile ingrandisce il bersaglio del cecchino.

STALIN - STALINGRADO

Prese il nome dal leader sovietico Iosif Stalin la città industriale che sorgeva sul fiume Volga, nel sud della Russia. I tedeschi erano determinati a conquistare Stalingrado, che si chiamava come il loro più acerrimo nemico, mentre i sovietici dovevano difendere l'onore del loro capo, ma la battaglia la rase letteralmente al suolo. Gli edifici, se non distrutti, subirono gravi danni, eppure molte persone continuarono a vivere tra le rovine. Oggi la città, ricostruita, si chiama Volgograd.

▶ I soldati tedeschi pattugliano le rovine di Stalingrado nell'ottobre 1942.

PANZER contro T-34

Nel luglio del 1943 una grande battaglia di carri armati ebbe luogo nei pressi della città russa di Kursk. Le truppe sovietiche con 5000 carri armati respinsero la massiccia offensiva tedesca che contava 2900 carri armati. Dopo questa vittoria, i tedeschi furono cacciati dall'Unione Sovietica fino alla loro definitiva sconfitta, nel maggio del 1945.

La battaglia di Kursk

Nel luglio del 1943, la linea del fronte tra i tedeschi e gli eserciti sovietici aveva una sorta di "protuberanza" attorno a Kursk (Russia meridionale). I tedeschi volevano prendere il cosiddetto saliente di Kursk, ma i sovietici rafforzarono le loro truppe e scavarono massicce fortificazioni. Il 5 luglio i tedeschi partirono all'assalto con 2900 carri armati e 780.000 uomini. In risposta, i sovietici contrattaccarono con 1,4 milioni di uomini e oltre 5000 carri armati. La battaglia fu talmente accesa che i carri armati, speronandosi a vicenda, venivano sbalzati fuori dal campo di battaglia.

I PANZER TEDESCHI

Inizialmente, i carri armati tedeschi erano superiori a qualsiasi carro armato nemico, ma il numero e la potenza di fuoco dei T-34 sovietici alla fine li batté tutti. In tempo di guerra furono prodotti circa 9000 Panzer IV.

▼ Veloce e affidabile, il Panzer IV era originariamente pensato come carro di appoggio alla fanteria. Portava in battaglia un equipaggio di cinque persone.

▼ Una fila di carri arma
sovietici T-34 avanzò
verso la linea del front
Sturmovik, gli aerei
da attacco al suolo,
distruggevano dal ciel
qualsiasi forza tedesca
rimanesse bloccata.

TEDESCHI CONTRO SOVIETICI

Febbraio 1943	L'Armata Rossa sovietica sbaraglia i tedeschi a Stalingrado
4 luglio-23 agosto 1943	**Grande battaglia di carri armati a Kursk. L'Armata Rossa ne esce vittoriosa**
Agosto 1943	L'Armata Rossa entra in Ucraina
Gennaio 1944	L'Armata Rossa mette fine al lungo assedio tedesco di Leningrado
Luglio 1944	L'Armata Rossa avanza in Polonia e nella Germania orientale
Gennaio 1945	Varsavia, capitale della Polonia, è occupata dall'Armata Rossa
Aprile 1945	Le truppe sovietiche circondano Berlino
7 maggio 1945	La Germania si arrende

▼ Nella battaglia di Kursk, furono distrutti in un solo giorno oltre 700 carri armati.

L'Armata Rossa

Nei primi mesi della guerra contro la Germania, l'esercito sovietico, mal comandato e scarsamente equipaggiato, perse milioni di uomini, che furono uccisi o fatti prigionieri. Mentre la guerra proseguiva senza sosta, i sovietici impararono a combattere con i carri armati e ottennero grandi vittorie sull'esercito tedesco che si stava ritirando.

▼ Le truppe dell'Armata Rossa si sono riunite per ricevere istruzioni dal loro comandante.

I CARRI ARMATI SOVIETICI T-34

Il T-34, un carro armato che ospitava quattro uomini, era robusto, molto mobile e ben protetto dalla sua armatura. Progettato per essere facile dal punto di vista meccanico e altrettanto facile da produrre, era dotato di un cannone e due mitragliatrici. Il primo T-34 uscì dalla catena di montaggio nel 1941. Ora di maggio 1944, i sovietici ne producevano 1200 al mese.

INDICE ANALITICO

◀ Gli Inca costruirono una città sulla sommità di un monte chiamato Machu Picchu, nella cordigliera delle Ande, che aveva giardini, un tempio e una fortezza. La città fu costruita con grandi pietre perfettamente tagliate e incastrate " a secco" e traeva l'acqua da una sorgente in cima alla montagna.

INDICE ANALITICO

Le voci in **grassetto** si riferiscono alle voci tematiche principali; le voci in ***corsivo*** si riferiscono alle illustrazioni.

REFERENZE FOTOGRAFICHE

L'editore ringrazia le fonti seguenti per l'utilizzo delle loro immagini fotografiche:

ABBREVIAZIONI
A/AL=Alamy, B=Bridgeman, CO=Corbis, D=Dreamstime, F=Fotolia, FLPA=Frank Lane Picture Agency, GI=Getty Images, GW=Glow Images, IS=istockphoto.com, MP=Minden Pictures, N=Newscom, NG=National Geographic Creative, NPL=Nature Picture Library, P=Photoshot, PL=Photolibrary, R=Reuters, RF=Rex Features, S=Shutterstock, SJC=Stuart Jackson-Carter, SPL=Science Photo Library, SS=Superstock, TF=Topfoto

a= alto; b=basso; s = sinistra, d = destra, c=centro; sf = sullo sfondo; pp=primo piano

COPERTINA Peter Bull Art Studio, SPINE Kamira/S, BACK COVER Mikhail Zahranichny/S, Hung Chung Chih/S, Fer Gregory/S, sirtravelalot/S, PRELIMS 1 lrafael/S, 2-3 V.Kuntsman/S, 4 WitR/S, rodho/S, 5 David H.Seymour/S, St. Nick/S

RIVELARE LA STORIA 6-7 Warner Bros. Pictures/Helena Productions/Latina Pictures/Radiant Productions/Plan B Entertainment/MSC 8-9(sf) Jenny Solomon/F, (sf, bs) Binkski/S 8(bs) 2003 Charles Walker/TopFoto, (bd) Sandro Vannini/Corbis 9(bs) The Granger Collection/TopFoto, (bc) The Granger Collection/ TopFoto, (bd) Studio 37/S 10-11(cornice) Ladyann/S 10(pp) Time & Life Pictures/GI, (as) grivet/S, (ad) kanate/S 11(c) 2001 Topham/PA/TopFoto, (cs) Roger-Viollet/TopFoto, (bs) GI 14-15(sf) Hywit Dimyadi/S, (tabellone da gioco) Katherine Welles/S, (mappa) ilolab/S, (pedine) Lars Kastilan/S, (dado) Bombaert Patrick/S, (riquadri) Stephen Aaron Rees/S 14 (heading paper) Jakub Krechowicz/S, (ad) Charles Walker/TopFoto, (cs) Bettmann/ Corbis, (bs) National Geographic/GI 15(as) Bettmann/Corbis, (ad) GI, (bs) GI, (bd) Popperfoto/GI 16-17(sf) pashabo/S, (cartoline) ronstik/S, (francobolli) vesves/S, (spilli colorati) oriori/S 16(ad) Patryk Kosmider/S, (bs) 2005 TopFoto, (bd) Historical Picture Archive/Corbis 17(as) Michael Nicholson/Corbis, (ad) Print Collector/HIP/TopFoto, (bs) The Granger Collection/TopFoto, (bd) De Agostini/GI 18-19(a,s-d) ClassicStock/TopFoto, Luisa Ricciarini/ TopFoto, Corbis, ullsteinbild/TopFoto, 2002 Topham/UPP/TopFoto, (b, s-d) GI, Bettmann/Corbis, Stapleton/ HIP/TopFoto, RIA Novosti/TopFoto, Topham Picturepoint/TopFoto 20-21(sf) Cindi L/S 20(a) O.V.D./S 21(ad) National Geographic/GI 22-23(sf) Eky Studio/S, (libro) charles taylor/S, (sangue) robybret/S, (riquadri) Christopher Hudson/iS 22(s) Bettmann/Corbis, (ad) The Granger Collection/TopFoto, (bd) Print Collector/HIP/TopFoto 23(as) The Granger Collection/TopFoto, (ad) Ullstein Bild/TopFoto, (bs) TopFoto, (bd) AFP/GI 24(cs) Maslov Dmitry/S, (cd) Bettmann/ Corbis, (bs) Bettmann/Corbis, (bd) Anna Hoychuk/S 25(as) KUCO/S, (ad) Charles Walker/TopFoto, (bs) World History Archive/TopFoto, (bd) Topham/ AP/TopFoto 26-27 (sangue) Steve Collender/S, (fuoco) Sergey Mironov/S 26(ad) SuperStock/GI, (b) GI 27(a, sf) JeremyRichards/S, (a) Historical Picture Archive/ Corbis, (bs) TopFoto 28-29(sf) zhanna ocheret/S, (libro) Evgenia Sh./S 28(as) optimarc/S, (cs) GI, (cd) Mary Evans Picture Library/ Alamy, (bs) Studio DMM Photography, Designs & Art/S, (bd) ullsteinbild/TopFoto 29(as) The Granger Collection/ TopFoto, (ad) GI, (ad, ventaglio) Margo Harrison/S, (bs) PoodlesRock/ Corbis, (bd) GI 30-31(sf) val lawless/S, (sf, macchie) Picsfive/S, (c) Bochkarev Photography/S 30(riquadro superiore) Sibear/S, (ad, calze) Antonov Roman/S, (ad, ciotola) Ron Zmiri/S, (salviette blu) Arogant/S, (salviette bianche) Lim Yong Hian/S, (salviette piegate) Tobik/S, (coltello e cucchiaio) Natalia Klenova/S, (cucchiaio di legno) Nekrasov Andrey/S 31(as, piatto) Kulish Viktoriia/S, (as, topo) marina ljubanovic/S, (as, zucchero topo) Lucie Lang/S, (ad, struzzo) Timo Jaakonaho/RF, (ad, cammello) mmattner/S, (ad, kebab) S, (c) Martina I. Meyer/S, (cd, vetro) jesterlsv/S, (cd, boccale) Peter Lorimer/S, (cd, tazza) Lipowski Milan/S, (bs) Sergey Shcherbakoff/S, (bc) Lagui/S, (bd) discpicture/S 32-33(sf) L.Watcharapol/S 32(as) Vitaly Korovin/S, (as, chain text) Steve Collender/S, (ad) Chyrko Olena/S, (s) Picsfive/S, (cd) Gianni Dagli Orti/Corbis, (bs) The Gallery Collection/Corbis, (bd) pandapaw/S, (bd, riquadro) Vitaly Korovin/S 33(as) David Burrows/S, (as, finestra) Lusoimages/S, (ac) GI, (ac, riquadro) Matthias Pahl/S, (ad, cappio) Iwona Grodzka/S, (ad, orecchio) Washington Post/GI, (cs) M.E. Mulder/S, (cd) Charles Walker/TopFoto, (bs) William Attard McCarthy/S, (bd) S 34-35(sf) charles taylor/S, (chiodi) dusan964/S, (etichette) val lawless/S 34(ad, candela) Litvinenko Anastasia/S, (ad, denti) Le Do/S, (cd, coppe calde) Mary Evans Picture Library/Alamy, (cd, libri) Brocreative/S, (bs) Roger-Viollet/RF, (bc) SPbPhoto/S, (bd, bottiglia) Lakhesis/S, (bd, coppe) Coprid/S 35(as) The Granger Collection/TopFoto, (as, sanguisughe) Mircea Bezergheanu/S, (ac) Steve Lovegrove/S, (ad) Classic Image/Alamy, (d) terekhov igor/S, (cs, bottiglie) Milos Luzanin/S, (cs, mortaio e pestello) Pshenichka/S, (cs, spezie) Noraluca/S, (cd) eduard ionescu/S, (bs) Noam Armonn/S, (bd) Mary Evans Picture Library/Alamy, (bd, sf) F 36-37(t, sf) Rémi Cauzid/S, (b, sf) zhu difeng/S, (fango) Ultrashock/S, (as, panel) photocell/S, (cs, panel) Excellent backgrounds Here/S, (t, s-d) GI, Fotomas/TopFoto, Museum of London/HIP/ TopFoto, (b, s-d) Hank Frentz/S, Popperfoto/GI, Corbis 36(bd, cornice) kak2s/S 37(b, cornice) SuriyaPhoto/S 38-39(sf) jayfish/S, (riquadri) Hintau Aliaksei/S 38 Raia/S, (a) irin-k/S, (c) Ewa Walicka/S, (bs, sacchi) Dee Golden, (bs, occhiali) Saveliev Alexey Alexsandrovich/S, (bc) Dreamworks/Everett/RF 39(as) The Gallery Collection/Corbis, (ad, fango) Ultrashock/S, (ad, elmo) bocky/S, (cs) Mettus/S, (cd) TopFoto, (bc) Leigh Prather/S, (bd) AP/Topham, (bd, sf) Ana de Sousa/S 40-41(riquadri) Dim Dimich/S, (rotoli) koya979/S 40 inxti/S, (sf) Kompaniets Taras/S, (ad) The Granger Collection/TopFoto (bs) Andrey Burmakin/S 41(as) Sophy R./S, (ad) papa/S, (ac, bachi da seta) holbox/S, (ac, rotoli) Roman Sigaev/S, (ac, pistola) Kellis/S, (c) PaulPaladin/S, (cd) Bettmann/Corbis, (bs) composite image: StudioSmart/S, PhotoHouse/S, (bd) Molodec/S

DISSOTTERRARE LA STORIA 42-43 Mark Campbell/RF; 44-45 Lanica Klein/GI, val lawless/S, (b) Eddie Keogh/Reuters/CO; 44(cs) GI, (as) Sergey Kamshylin/S, (ad) Sipa Press/RF; 45(bd) Kirsanov/S, (c) Nils Jorgensen/RF, (c) Hintau Aliaksei/S, (c) Leigh Prather/S, (ad) West Semitic Research/Dead Sea Scrolls Foundation/CO; 46-47 mack2happy/S, sniegirova mariia/S, (bc) Eastimages/S; 46(bs) Selyutina Olga/S, (bd) Jon Bower London/AL, (cs) Cameramannz/S, (cs) Valentin Agapov/S, (cd) GI, (s) Ultrashock/S, (as) nulinukas/S; 47(bd) GI, (c) val lawless/S, (cs) GI, (ad) Brian Rasic/RF, (ad) BW Folsom/S; 48-49 Cristina Ciochina/S, (bc) gary yim/S, (ac) St. Nick/S; 48(bs) Manda Nicholls/S, (bs) ChaosMaker/S, (cs) Amenhotepov/S; 49(b) Phase4Photography/S, (c) Igor Plotnikov/S, (cd) Yuri Yavnik/S, (d) SeanPavonePhoto/S, (ad) 100ker/S; 50-51 Ed Lemery/S; 50(bs) Werner Forman/CO, (a) Eky Studio/S, (ac) John Lock/S, (as) Wuttichok/S; 51(d) mrfotos/S, (bs) Time & Life Pictures/GI, (cd) Keren Su/China Span/AL, (ad) Joel Blit/S; 52-53(a) Mary Evans Picture Library/AL; 52(bc) Kapu/S, (bc) Hintau Aliaksei/S, (bs) Pokaz/S, (cd) grintan/S, (d) Dea Picture Library/GI, (as) Mark Carrel/S; 53(bc) The Art Gallery Collection/AL, (bs) Jill Battaglia/S, (bs) Valentin Agapov/S, (bd) Jakub Krechowicz/S, (cs) Sergey Peterman/S, (d) Gianni Dagli Orti/CO, (as) Leigh Prather/S, (ad) Charles & Josette Lenars/CO, (ad) Valentin Agapov/S, (ad) Kenneth V. Pilon/S; 54-55 Mark Yarchoan/S, (a) De Agostini/GI; 54(bd) Kenneth Garrett/National Geographic Stock/GI, (bd) Hefr/S, (as) Anan Kaewkhammul/S, (as) Anan Kaewkhammul/S; 55(bs) Nattika/S, (bd) Jonathan Blair/CO, (c) Anan Kaewkhammul/S, (cs) Spectrum Colour Library/HIP/TF, (cd) Ulza/S, (a) TF; 56-57 Pavol Kmeto/S, (b) Jarno Gonzalez Zarraonandia/S; 56(bs) David Davis/S, (cs) Sergej Razvodovskij/S, (a) Steve Collender/S, (as) HGalina/S, (as) Danny Smythe/S, (as) Khoroshunova Olga/S; 57(b) Nathan Benn/AL, (bd) rodho/S, (cd) vittorio sciosia/AL, (ad) nito/S; 58-59 avian/S, (a) Time & Life Pictures/GI; 58(bs) Toni Dal Lago/S, (bs) Dja65/S, (bs) Yuri Shirokov/S, (bd) Artem Mazunov/S, (bd) niederhaus.g/S, (cs) Holly Kuchera/S, (as) liubomir/S, (as) TF, (ad) Werner Forman/CO, (ad) Evgeny Murtola/S; 59(d) Dorling Kindersley/GI, (bc) prism68/S, (bs) Luisa Ricciarini/TF, (c) Werner Forman/CO, (cs) Kamira/S, (cs) Kamira/S, (a) The Granger Collection/TF, (ac) Persian School/GI; 60-61 thepiwko/S, (b) Asian Art & Archaeology, Inc./CO; 60(b) Lucy Baldwin/S, (bc) silky/S, (cd) Paul D Stewart/SPL, (ad) Traci Law/S; 61(cd) altrendo travel/GI, (s) CO, (ad) Eugene Sergeev/S, (ad) italianestro/S; 62-63 Julio Donoso/Sygma/CO; 62(bs) The Granger Collection/TF, (ad) AFP/GI; 63(bs) Copper Age/GI, (bd) blinow61/S, (bd) Patrick Landmann/SPL, (cd) for you design/S, (ad) TF, (bs) ivn3da/S; 64(bs) James King-Holmes/SPL, (c) WpN/PS, (as) J. Helgason/S; 65(bs) martiin fluidworkshop/S, (bs) Alexander Tsiaras/SPL, (bd) ullsteinbild/TF, (cs) R-studio/S, (ad) Michael Maloney/San Francisco Chronicle/CO, (ad) Linali/S; 66-67 nav/S; 66(b) R-studio/S, (bs) Mimmo Jodice/CO, (cd) Giraudon/B, (s) Vladislav Gurfinkel/S, (as) Kompaniets Taras/S, (as) Neo Edmund/S, (ad) Nathan Benn/AL; 67(bd) Sergios/S, (s) zhu difeng/S, (a) idea for life/S, (ad) bilwissedition Ltd. & Co. KG/AL; 68-69 Ladyann/S, (a) Classic Image/AL; 68 Bettmann/CO, (c) Lou Oates/S, (b) Jakub Krechowicz/S, (bc) Mike Hollist/Daily Mail/RF, (bs) Richard Cano/IS, (cs) frescomovie/S; 69(b) Brian Harris/RF, (cs) Brian Harris/RF, (ad) GI; 70-71 Borut Furlan/PL, fuyu liu/S; 70(bs) Ancient Art & Architecture Collection Ltd/AL, (cs) Emory Kristof/National Geographic Stock/GI; 71(bd) Richard T. Nowitz/CO, (bd) Steve Collender/S, (a) Nils Jorgensen/RF; 72-73 Flyfoto/AL, agap/S; 72(bs) Last Refuge/Robert Harding World Imagery/CO; 73(bd) Mark Burnett/AL, (ad) Maria Toutoudaki/IS, (ad) Tomas Kunzt/S; 74 Anelina/S, (cs) V. Kuntsman/S, (bs) Phil Yeomans/RF, (bs) Iaroslav Neliubov/S, (bd) pzAxe/S, (bd) Laborant/S, (as) Excellent backgrounds/S, (ad) Gamma-Rapho/GI; 75(bs) AFP/GI, (bd) Paul Vinten/S, (cd) topal/S, (a) Charles Taylor/S, (as) ullsteinbild/TF, (ad) Nata Sdobnikova/S; 76-77 pio3/S, (a) B Christopher/AL; 76(bd) PA Photos/TF, (cs) imagelab/GI, (cs) Shevchenko Nataliya/S, (a) Ampirion/S; 77(b) Spectrum/HIP/TF, (bs) All Canada Photos/AL, (bd) Illman/S, (ad) Jean-Pierre Lescourret/CO

COSTRUIRE LA STORIA 78-79 Image Broker/RF, 80-81 Pecold/S, 80(cs) Pictorial Press Ltd/A, 81 (c) Pecold/S, 81(b) The Art Archive/A, 81(a) Government of Ireland National Monuments Service Photographic Unit, 82-83 Henning Dalhoff/SPL, 82-83(a) Nickolay Vinokurov/S, 82(bs) Basileus/S, 82(bordo) Dmitry Khrustalev/S, 83(bd) MICHAEL POLIZA/NG, 83(cs) KENNETH GARRETT/NG, 83(ad) WhiteHaven/S, 84-85(c) Timothy W. Stone/S, 84-85(letto sf) K. Miri Photography/S, 84-85(valigetta sf) 54613/S, 84(bs) Evgeny Karandaev/S, 84(libro) Erik Svoboda/S, 84(bd) kropic1/S, 84(c) Federico Rostagno/S, 84(cs) Rolf Hicker/All Canada Photos/ CO, 84(logo) Milos Dizajn/S, 84(biglietti) brandonht/S, 85(c) jason cox/S, 85(bs) S.Borisov/S, 85(bd) Lukas Hlavac/S, 85(cs) Roman Gorielov/S, 85(as) Noppasin/S, 85(telo sf) K. Miri Photography/S, 85(ad) ZRyzner/S, 86-87 Vitalii Nesterchuk/S, 86-87(a sf) Transia Design/S, 86(ca) duncan1890/istockphoto.com, 86(a) Hemis/A, 86(a) Azat1976/S, 87(as) M. De Ganck/F1online/GW, 87(ad) Design Pics/CO, 88-89(sf) Lucy Baldwin/S, 88(b riquadro) ARCHITECTEUR/S, 88(cs) aslysun/S, 88(ac) koosen/S, 88(ad) hxdbzxy/S, 89(b pp) fotohunter/S, 89(pannello sf) Rafa Irusta/Fotolia.com, 89(sf) Konstantin Sutyagin/Fotolia.com, 89(bs pp) British Library/The Art Archive, 89(as) Hsien-Min Yang/NGS Image Collection/The Art Archive, 90-91(pp) Bertl123/S, 90(bs) J.S. Johnston/CO, 90(bd) Jenny Kennard/Image Source/CO, 90(cs) Rostislav Glinsky/S, 90(cd) Stapleton Collection/CO, 91(b) StevanZZ/S, 91(bd paper) David M. Schrader/S, 91(bd sign) Picsfive/S, 91(bd) xpixel/S, 91(c) JILL SCHNEIDER/NG, 92-93(sfondo blu) Lizard/fotolia.com, 92(b) CLAUS LUNAU/SPL, 92(bs) Lagui/S, 92(s) tanatat/S, 92(chiodi) xpixel/S, 92(carta) TADDEUS/S, 92(a) italianestro/S, 93(bs) Heritage Images/CO, 93(bd) Brendan Howard/S, 93(ac) Private Collection/Gianni Dagli Orti /The Art Archive, 94-95(sfondo blu) Lizard/fotolia.com, 94-95(border) Orhan Cam/S, 94-95(sfondo oro) R-studio/S, 94-95(pp) Jose Fuste Raga/GW, 94(bs) The Art Archive/A, 94(ad) travelstock44/LOOK-foto/GW, 95(bs) Historical Picture Archive/CO, 96-97(pp) Image Broker/RF, 96-97(riquadri sf) Kompaniets Taras/S, 96(bs) National Geographic Image Collection/A, 96(a) elic/S, 97(bs) Ralf Broskvar/S, 97(bd) kccullenPhoto/S, 97(cs) steve estvanik/S, 97(cd) Yu Lan/S, 97(ad) National Geographic Image Collection/A, 98-99(pp) Michele Falzone/JAI/CO, 98(b) Madlen/S, 98(bs) Luca Tettoni/CO, 98(bs) nito/S, 98(bordo) SignStudio/S, 98(bd) Luca I. Tettoni/CO, 98(cs)

Quang Ho/S, 99(bd) Radius Images/CO, 99(ad) YONHAP/epa/CO, 100(c) Alex Holland/cultura/CO, 100-101(pp sf) SeDmi/S, 100-101(a/sf) Morphart Creation/S, 100(bc) Heritage Images/CO, 100(bs) giedrius b/S, 100(c/sf) Antonio Abrignanii/S, 100(cs/sf) Morphart Creation/S, 100(tag) kikka8869/S, 100(as sf) Antonio Abrignani/S, 100(arnesi) V.Kuntsmani/S, 101(sf/cs) Hein Nouwens/S, 101(bs) Sergiu Leustean/S, 101(bd) Janis Lacis/S, 101(labirinto) JOHN KELLERMAN/A, 101(ad) JOHN KELLERMAN/A, 101(c) GoFrance/A, 102-103(bc) Sergey856/S, 102-103(pp) Norimages/A, 102-103(carta sf) Tischenko Irina/S, 102-103(pietra sf) Pack-Shot/S, 102(bs) Lebrecht Music and Arts Photo Library/A, 102(bd/cornice) Andrey Kuzmin/S, 102(bd/pp) Picture Alliance/P, 103(bc) Fabio Alcini/S, 103(bs/sf) Dim Dimich/S, 103(bd, pp) Lebrecht Music & Arts/CO, 103(bd) Konstanttin/S, 103(cd) Michal Skowronski/S, 103(a) inxti/S, 104 (d) Leonard Zhukovsky/S, 104(s) Julia Waterlow/Eye Ubiquitous/CO, 105(c) shinobi/S, 105(d) Romy Vandenberg/GW, 105(s) Mark Schwettmann/S, 106-107(brochure) Asaf Eliason/S, 106-107(pp sf) PBNJ Productions/GW, 106-107(ac) LUIS ACOSTA/AFP/GI, 106(b) Yann Arthus-Bertrand/CO, 106(bs) S, 106(ac) Flexo/S, 106(as) Maria Egupova/S, 107(b) VICTOR PELAEZ TORRES/A, 107(cd) Image Broker/RF, 107(ad) J GERARD SIDANER/SPL, 108(d) TERRY RUTLEDGE/NG, 108-109(sf) Solodov Alexey/S, 108(bs) CALLE MONTES/GW, 108(bs) Ekaterina Bykova/S, 108(cs) Kichigin/S, 109(bd) TopFoto.co.uk, 109(cornice) devy/S, 109(a) TERRY RUTLEDGE/NG, 110-111(bordo) Azat/S, 110-111(calligrafia) mark higgins/S, 110-111(pp) turtix/S, 110(bs) Image Broker/RF, 110(cs) Olaf Krüger/GW, 110(intro cornice) Azat916/S, 110(cornice in alto) saiko3p/S, 111(bd) Andreas Strauss/LOOK-foto/GW, 111(a) Dinodia Photos/A, 112-113(bc) The Art Archive/A, 112-113(sf) Nataliia Kucherenko/S, 112-113(a) The Gallery Collection/CO, 112(bs) Bombaert Patrick/S, 112(cs) abxyz/S, 112(cornici) Iakov Filimonov/S, 112(cornice in alto) kongsky/S, 112(c) Stefano Bianchetti/CO, 113(d) Marc Deville/CO, 113(bc) Damian Palus/S, 113(porta) Javier Martin/S, 113(ad) Owen Smith Photography/S

GRANDI BATTAGLIE 114-115 Forest Woodward/GI, 116-117 akg-images / Franois Gunet/N, 116-117 S, 116(bs) Paul Vinten/S, 117(bs) SSPL/GI, 117(cd) De Agostini/GI, 117(cd) Shevchenko Nataliya/S, 117(ad) Hemis.fr/SS, 118-119 Giraudon/B, 118-119(a) MaryMo/S, 118(bs) Tatiana Popova/S, 119(bc) akg-images/N, 119(bd) Ivan Montero Martinez/S, 119(as) F, 119(ad) Bettmann/ CO, 120-121 North Wind Picture Archives/A, 120-121 vnlit/S, 120-121(sf) Lucy Baldwin/S, 120-121(a) MaryMo/S, 120(bs) Time & Life Pictures/GI, 120(ad) akg-images / Peter Connolly/N, 121(b) National Geographic Society/CO, 121(b) Leah-Anne Thompson/S, 121(as) Moviestore Collection/RF, 122-123 Steve Vidler/A, 122-123 sootra/S, 122-123 Solodov Alexey/S, 122(s) Bettmann/CO, 122(as) Tischenko Irina/S, 123(d) Look and Learn/B, 124-125 Nathan Benn/Ottochrome/CO, 124-125 R-studio/S, 124-125 slavapolo/S, 124(bc) Hintau Aliaksei/S, 124(bd) View Pictures Ltd/SS, 125(d) AF archive/A, 125(as) N, 125(ad) WilleeCole/S, 126-127 Peter Anderson/GI, 126-127 Zastolskiy Victor/S, 126(bs) Fotomas/TF, 126(bd) Andy Crawford/ GI, 127(bd) Gary Ombler/GI, 127(bd) Markus Gann/S, 127(cd) The Stapleton Collection/B, 127(s) Doug Steley B/A, 127(ad) Valeria73/S, 128-129 Baker Alhashki/S, 128(bc) Tischenko Irina/S, 128(bd) De Agostini/GI, 128(c) Baker Alhashki/S, 128(s) i on the world/A, 128(a) David M. Schrader/S, 129(b) De Agostini/ GI, 129(as) nagib/S, 129(ad) DEA PICTURE LIBRARY/GI, 130(a) The Granger Collection/TF, 131(b) De Agostini/GI, 131(bd) Alexey Khromushin/F, 131(cs) objectsforall/S, 131(a) Gunshots/The Art Archive, 132 CSU Archives / Everett Collection/RF, 132 Alfonso de Tomas/S, 133(bs) The Print Collector/A, 133(bd) James Steidl/ SuperFusion/SS, 133(s) zhu difeng/S, 133(d) S, 133(as) The Print Collector/A, 133(ad) Jakub Krechowicz/S, 133(ad) Andrey_ Kuzmin/S, 135 Maria Egupova/S, 134-135 Kompaniets Taras/S, 134(bs) GI, 134(bd) The Granger Collection/TF, 134(cs) elic/S, 134(ad) Werner Forman/Werner Forman/CO, 135(bs) Kompaniets Taras/S, 135(bd) North Wind Picture Archives/A, 135(bd) Vitaly Korovin/S, 135(cs) LeshaBu/S, 135(cd) David M. Schrader/S, 135(a) Charles & Josette Lenars/CO, 136-137 Irochka/D, 136-137 Steve Collender/S, 136-137 McCarthy's PhotoWorks/S, 136(bs) SS , 136(c) Bettmann/CO, 136(cd) irin-k/S, 136(a) Picsfive/S, 137(bs) GI, 137(cd) Iakov Filimonov/S, 137(ad) vician/S, 138 North Wind Picture Archives/A, 138-139 Gary Paul Lewis/S, 138-139(b) Brandon Seidel/S, 138-139(b) Petrosg/S, 138-139(b) Petrosg/S, 139(s) Bettmann/CO, 139(d) Corbis, 139(as) Anan Kaewkhammul/S, 139(ad) italianestro/S, 140-141 Bettmann/CO, 140-141 Antonio Abrignani/S, 140-141 Zack Frank/S, 140(bc) CO, 140(bs) Brooklyn Museum/CO, 140(ad) Antonio Abrignani/S, 141(bs) James Mattil/S, 141(bd) Universal History Archive/GI, 141(ad) ermess/S, 142-143 Willem van de Kerkhof/S, 142-143 Bard Sandemose/S, 142(bs) R, 142(bd) Cafe Racer/S, 142(a) De Agostini/GI, 143(bs) Derek R. Audette/S, 143(bd) GI, 143(cs) TF, 143(a) jason cox/S, 143(ad) Photo by Haynes Archive/Popperfoto/ GI, 144 iurii Konoval/IS, 145 photo_journey/S, 144-145 Jakub Krechowicz/S, 144-145 Lou Oates/S, 144-145 Vaughan Sam/S, 144-145(b) akg-images/N, 144(b) IWM/GI, 144(cd) Science and Society/SS, 144(ad) TF, 145(b) MRTfotografie/S, 145(ad) Hulton-Deutsch Collection/CO, 146-147(a) Hulton-Deutsch Collection/CO, 146(bd) Sipa Press/RF, 146(c) Dmitri Baltermants/The Dmitri Baltermants Collection/CO, 147(b) Mondadori/GI, 147(ad) GI, 148-149 hugolacasse/S, 148-149 viewgene/S, 148-149(b) Topham Picturepoint/TF, 148(bs) ullsteinbild/TF, 148(bd) Sergey Mironov/S, 148(as) polispoliviou/S, 148(as) Sergey Mironov/S, 149(bc) viewgene/S, 149(bd) polispoliviou/S, 149(bd) Sergey Mironov/S, 149(bd) Aleksey Stemmer/S, 149(cs) GI, 149(cd) Dmitri Baltermants/The Dmitri Baltermants Collection/CO, 149(as) Aleksey Stemmer/S, 149(as) Ibooo7/S

150 Jarno Gonzalez Zarraonandia/S

Tutte le altre foto sono di: Corel, digitalSTOCK, digitalvision, Dreamstime.com, Fotolia.com, iStockphoto.com, John Foxx, PhotoAlto, PhotoDisc, PhotoEssentials, PhotoPro, Stockbyte